Algarve

Lydia Hohenberger · Jürgen Strohmaier

▶ Dieses Symbol im Buch verweist auf den großen Faltplan!

Bem-Vindo – Willkommen

Unser heimliches Wahrzeichen	4
Erste Orientierung	6
Schlaglichter und Impressionen	8
Geschichte, Gegenwart, Zukunft	12
Übernachten	14
Essen und Trinken	16
Reiseinfos von A bis Z	18

Unterwegs in der Algarve

Die Algarve 15 x direkt erleben

Felsalgarve 30

Sagres 30 Burgau 30 Luz 34 Lagos 34
Alvor 39 Portimão 42 Praia da Rocha 46
Ferragudo 46 Carvoeiro 47 Armação de Pêra 48
Albufeira 49 Olhos d'Água 54 Vilamoura 54

direkt 1 | Am Ende der alten Welt – Cabo de São Vicente 31
Steile Felsklippen, oft von tosenden Wellen gepeitscht

direkt 2 | Begehbare Schmuckschatulle – Kirche des hl. Antonius 36
Überall Gold, weiß-blaue Kacheln und kraftvolle Gemälde

direkt 3 | Per Boot in die blauen Grotten – Ponta da Piedade 40
Romantische Bootstour zu atemberaubenden Felsskulpturen

direkt 4 | Wie der Fisch in die Konserve kam – Museu de Portimão 43
Lebendige Industriegeschichte rund um die Sardine

direkt 5 | Auf dem Strip – Nightlife in Albufeira 52
Spaß und Action garantiert die längste Partymeile der Algarve.

Die westliche Hügellandschaft 55

Aljezur 55 Caldas de Monchique 56
Monchique 57 Silves 58
Alte 63 Salir 64
Querença 64

direkt 6 | Maurische Spurensuche – Altstadt von Silves 59
Hier zeigt sich die einstige Blüte der arabischen Hochkultur

| direkt 7 | **Der Kummerfels – Wandern im fruchtbaren Barrocal** | 65 |

Der Gipfelblick schweift über die Hügel bis zum Meer

Rund um die Hauptstadt Faro 68

Faro 68 Praia de Faro 74
Almancil 74 Loulé 75
São Brás de Alportel 80
Estói 80

| direkt 8 | **Ein Jahrtausend wird besichtigt – die Altstadt von Faro** | 69 |

Durch ruhige Gassen ins Herz der algarvianischen Geschichte

| direkt 9 | **Ein arabischer Traum – die Markthalle von Loulé** | 76 |

Fisch, Käse, Obst, Gemüse – betörende Farben und Düfte

| direkt 10 | **Auf der Route des Korks – São Brás de Alportel** | 81 |

Portugal produziert über die Hälfte aller Korken weltweit

| direkt 11 | **Römisches Landleben vom Feinsten – Milreu** | 84 |

Zwischen heidnischer Kultstätte und mosaikverzierten Bädern

Sandalgarve 86

Olhão 86 Moncarapacho 91
Fuseta 92 Pedras d'el Rei 92
Santa Luzia 92 Tavira 92 Cacela Velha 98
Manta Rota 99 Monte Gordo 99

| direkt 12 | **Durch den Naturpark – Ria Formosa** | 88 |

Ursprüngliche Küste mit farbenprächtiger Vogelwelt

| direkt 13 | **Hügel der Kulturen – Burgberg von Tavira** | 94 |

Maurischer Burggarten und christlich-gotisches Gotteshaus

Rio Guadiana und der Nordosten 100

Vila Real de Santo António 100
Castro Marim 100 Den Rio Guadiana hinauf 104
Alcoutim 105 Rundfahrt auf der N 124 106
Mértola 106

| direkt 14 | **Unterschlupf der Templer – Castro Marim** | 101 |

Von Rittern und Seefahrern erzählt diese Festung

| direkt 15 | **Einladung in die rurale Welt – Ausflug nach Cachopo** | 107 |

Lebendiger Alltag in Werkstätten und Dorfschenke

Sprachführer	112
Kulinarisches Lexikon	114
Register	116
Autoren, Abbildungsnachweis, Impressum	120

Bem-Vindo – Willkommen
Unser heimliches Wahrzeichen

Boooolaaaa de Berliiiijjj! Die Vokale langgezogen zwischen den Lippen, preist der Strandverkäufer lautstark seine *bolas de berlim* an – Berliner, Krapfen. Sie gehören zu den Stränden der Algarve wie das blaue Meer, der helle Sand, die strahlende Sonne, Sprudelwasser und Eistüten. Ein kleines Urlaubsvergnügen für Jung und Alt, das den Tag am Meer versüßt.

Erste Orientierung

Die Ankunft

Schon der Landeanflug ist ein Traum. Es scheint, als würde das Flugzeug die himmlischen Strände fast berühren, wenn es sich zum Flughafen von **Faro** (▶ H/J 6) hinab senkt. Landen Sie von Osten, dann fliegen Sie auch noch direkt über das historische Zentrum der algarvianischen Hauptstadt hinweg.

Der **Flughafen** liegt etwa 6 km außerhalb und ist per Taxi oder Flughafenbus an Faro angebunden. Von dort gibt es gute Verbindungen mit Zug oder Bus in alle Richtungen. Pauschalreisende werden unmittelbar nach dem Verlassen des Transitraums von den Mitarbeitern ihres Reiseveranstalters empfangen. In der Ankunftshalle unterhalten alle wichtigen Autovermieter eigene Büros.

Europas schönste Küste

Die Algarve am südwestlichen Zipfel Europas wird von den Wellen des Atlantiks umspült. 150 km misst der Küstenstreifen, vielgestaltig sind die Strände. Für jeden Urlaubsgeschmack ist der richtige dabei, von der windumtosten Felsbucht für Surfer und Bodyboarder bis zum ruhigen Sandstrand für Familien.

Die Felsalgarve

Den Westen beherrscht eine imposante Steilküste mit kleinen Badebuchten. Barlavento wird die Gegend genannt – dem Wind zugewandt. Die Strömung ist so stark, dass sie im Lauf der Zeit viele Höhlen in die Felsen gewaschen und mitunter bizarre Formationen geschaffen hat. Die höchsten finden Sie am **Cabo de São Vicente** (▶ A 6). Wie steinerne Finger ragt dagegen die Ponta da Piedade bei **Lagos** (▶ C 5) aus dem Meer. Lagos ist übrigens eine der schönsten Städte der Algarve, von der im 15. Jh. die ersten portugiesischen Entdecker unter Heinrich dem Seefahrer starteten. Hier beginnen auch die ersten längeren Badestrände, die die Küste berühmt gemacht haben. Allerdings werfen allzu viele Hotelburgen einen dunklen Schatten auf einstmals kleine Fischerdörfer und historische Städte wie Praia da Rocha bei Portimão, Carvoeiro, Armação de Pêra oder **Albufeira** (▶ F 5). Hier ist richtig, wer Action sucht.

Von Faro zur Sandalgarve

Bei Faro wechselt die Landschaft. Bis **Tavira** (▶ L 5) haben sich breite Sandinseln vor die Küste geschoben und eine einzigartige Hafflandschaft entstehen lassen: **Ria Formosa,** ein Naturschutzgebiet und Vogelparadies. Oft ziehen sich Orangenplantagen bis an die Wasserlinie. Faro und Tavira besitzen zwar keinen direkten Zugang zum Meer, aber ihre Altstädte sind frisch herausgeputzt und verzichten auf den Trubel der Nachbarn im Westen. Hinter Tavira rollen die Atlantikwellen direkt auf die breiten Sandstrände des sogenannten Sotavento, der dem Wind abgewandten Sandalgarve. Die Strömung ist sanft, der Sand hell, der Strand fällt allmählich ins Meer ab. Mit einem Wort: familienfreundlich.

Die Hügel im Hinterland

Auch wenn es etwas banal klingen mag: Die Algarve bietet weit mehr als das Meer. ›Ursprünglich‹ ist die zutreffende Bezeichnung für das Leben im Hinterland, die Alternative für alle, die weg von der Küste etwas Ruhe suchen.

Erste Orientierung

Nur wenige hundert Meter erheben sich die Berge über das Meer, was jedoch genügt, um den großen Strom der Touristen fernzuhalten, obwohl die Straßen inzwischen hervorragend ausgebaut sind. Alternativ können Sie auf dem Wanderweg **Via Algarviana** die Hügel auf Schusters Rappen überqueren. An der Grenze zu Spanien verbindet der Rio Guadiana die Festungsstädte **Castro Marim** (▶ M 4), Alcoutim und Mértola, das auf eine 3000 Jahre lange Geschichte zurückblickt. Alte, Salir und Querença in der zentralen Serra do Caldeirão werden aufgrund der gekalkten Häuser als weiße Dörfer bezeichnet. **Silves** (▶ E 4) weiter im Westen pflegt das Erbe einer Hauptstadt während der maurischen Herrschaft. Die Gemeinde liegt an den Ausläufern der **Serra de Monchique,** die im Fóia gipfelt. Hier ist die Algarve mit 902 m am höchsten. Die westliche Küste rund um Aljezur zeigt sich rau, wild, stürmisch – und romantisch!

Für jeden Geschmack etwas

Die Algarve eignet sich für fast jede Art von Urlaub. Einzig Hochgebirgswanderer müssen sich ein anderes Ziel suchen. Ein guter Ausgangspunkt für eine Entdeckungstour ist Faro. Kulturreisenden empfiehlt sich zusätzlich der Besuch von Lagos, Tavira, Silves und Mértola. Nicht zu vergessen die thematisch ausgerichteten Museen, etwa in Portimão und São Brás de Alportel, zur Sardinenverarbeitung bzw. Korkproduktion.

Wenn Sie sich für die ursprüngliche Algarve interessieren, führen Ihre Wege ins Hinterland, getreu dem Motto: Je weiter weg vom Meer, desto unberührter die Orte.

Aber natürlich kommen die meisten Urlauber wegen »Europas schönster Küste«, zum Baden, Spazieren am Strand, Tauchen, Schnorcheln, Surfen – und zum Golfen auf herrlichen Plätzen. Radfahrern gehören der Küstenradweg Ecovia und zahlreiche, allerdings bergige Nebenstraßen ins Landesinnere.

Die Via Algarviana führt auf einer Länge von ca. 240 km von Alcoutim zum Cabo São Vicente (Wegverlauf siehe Faltkarte)

Schlaglichter und Impressionen

Sonnige Aussichten
3200 Sonnenstunden im Jahr – europäischer Rekord. Nirgends sonst scheint die Sonne so häufig und so intensiv wie an der Algarve. Aber es kommt noch besser. Der Himmel trägt an den meisten Tagen ein tiefes Blau. Wirklich faszinierend! Das liegt an der Nähe zum Äquator, am Atlantischen Ozean und an den weißen Häusern der Städte und Dörfer, die das Licht reflektieren. Und dabei hat's selbst im Hochsommer kaum mal über 30° C. Gut auszuhalten dank dem kühlenden Meer und einer ewig frischen Brise.

Weiblich oder männlich
Da streiten sich die Gelehrten: Ist Algarve nun weiblich oder männlich: die oder der Algarve? Eines ist sicher: Der Name kommt vom arabischen *al Gharb*, der Westen, und bezog sich auf den westlichen Teil des Kalifats von Cordoba im 10. Jh. Die Portugiesen gebrauchen heute den männlichen Artikel und denken an die Himmelsrichtung. Im Deutschen wird die weibliche Form bevorzugt – gemeint ist *die* Küste. Der Duden überlässt Ihnen die Wahl und erlaubt beides.

Farben und Gerüche
Blau das Meer, gelb der Sand, rot oder grau die Felsen. Und dazu die farbenfrohe Pflanzenwelt. Die Algarve lebt von ihren Farben und Gerüchen. Januar und Februar bringen ›Schneefelder‹ aus weißen Mandelblüten. Im Frühjahr blühen Orchideen und Schwertlilien. Bunte Blumen überziehen die Wiesen. Der süße Duft von Orangenblüten und Schopflavendel liegt in der Luft, und der würzige Geruch des Thymians. Das Aroma der Lackzistrose, deren große Blüten die Hügel im Mai wie Schneebälle übersäen, soll gar erotisierend wirken. Im Monchique-Gebirge zeigen dann Akazien ihr kräftiges Gelb. Das intensive Blau-Violett der Jacarandabäume wird zur Zierde städtischer Plätze im Mai und Juni, während roter Hibiskus und rosa oder weißer Oleander noch der größten Sommerhitze standhalten. Und fast ganzjährig kontrastieren lila- und rosa Bougainvillea mit den weißen Hausfassaden.

Die Reichen und die Schönen
Wer in Portugal zur High Society gehören will, muss im Urlaubsmonat August an die Algarve. Das Fernsehen zeigt die von der Prominenz gerade bevorzugten Strände und die Ferienvillen von Cristiano Ronaldo und seinen Fußballkollegen. Politische Interviews werden für gewöhnlich in der Badehose gegeben. Und die Klatschspalten der Zeitschriften sind voller Gerüchte darüber, wer mit wem in welcher Strandbar mit welchem Drink angestoßen und in welcher Disco in welchem hautengen Outfit wie lange abgetanzt hat. Ganz heiß: die Sasha Beach Partys in Praia da Rocha. Vielleicht entdecken Sie ja zufällig einen der internationalen Stammgäste, von Mitgliedern der monegassischen Fürstenfamilie bis zu Victoria Beckham.

Spitze: Kamine
Wahrzeichen der Algarve sind die mit Spitzenmustern durchbrochenen Kamine, die einem kleinen Minarett ähneln. Vom christlichen Fundamentalismus der Rückeroberer zur Zwangstaufe genötigt, bauten sich die Moslems ihre Moscheetürmchen aufs Dach und verneig-

Schlaglichter und Impressionen

An der westlichen Algarve haben Wind und Wetter einzigartige Felsformationen geschaffen

ten sich dort fünfmal am Tag heimlich gen Mekka. Zur Tarnung wurden sie auch als Schornsteine genutzt. Mit originellen Mustern wollen sich die heutigen Besitzer vom Nachbarn abheben. Schade nur, dass es keine Kaminsteuer gibt, denn so könnte Portugal alle Schulden auf einen Schlag begleichen.

Pracht in der Kirche

Außen schlicht und innen prunkvoll – so zeigen sich viele Gotteshäuser, bis in den hintersten Winkel, besonders eindrucksvoll aber in Lagos und Almancil. Im frühen 18. Jh. ermöglichten Goldfunde in der Kolonie Brasilien einen ökonomischen Aufschwung im Mutterland und die Entfaltung des Barocks. Aufwendige Holzschnitzereien in den Kirchen wurden verschwenderisch mit Blattgold überzogen. Diese sogenannte *talha dourada* fand ihre Ergänzung in blau-weißen Kachelbildern, die biblische Themen in Szene setzten.

Das Gewölbe besteht allerdings oft aus Holz. Wenn das Geld für Steinkonstruktionen ausging, machten örtliche Zimmerleute und Schiffsbauer weiter. Die neuen Holzdächer sind einem umgedrehten Schiffsrumpf verblüffend ähnlich, irgendwie passend für ein Kirchenschiff im Land der Seefahrer.

Kunstvolles Handwerk

Jenseits der Küste lebt das traditionelle Kunsthandwerk weiter. Körbe werden aus Riesenschilfrohr geflochten, Sommerhüte und Taschen aus den Blättern der Zwergpalme, Matten aus Espartogras. Aus der lehmhaltigen Erde werden Schalen, Krüge, Teller und Tassen getöpfert und farbenfroh bemalt. Groß in Mode als Verzierung von Haus und Garten sind hübsche Kacheln, die *azulejos*. Übrigens halten sie in Mitteleuropa üblichen Nachtfrösten stand. In den kleinen Bergdörfern klappern manchmal sogar noch die Webstühle. Dort wird kein Touristennippes gefertigt, sondern überlieferte Volkskunst, die ihren Weg auch auf Märkte und in einige gut sortierte Andenkenläden findet.

Schlaglichter und Impressionen

Golfer bei Vale de Lobo – den Preis zahlt allzu oft die Natur

Fischer, Fische, Eintöpfe

Und noch ein Europarekord! Die Portugiesen essen durchschnittlich 55 kg Fisch pro Jahr, während es die Deutschen gerade einmal auf 16, Österreicher und Schweizer gar nur auf 7 kg bringen. Trotzdem sind schwere Zeiten für die algarvianischen Fischer angebrochen. Immer weiter hinaus aufs Meer müssen sie, um ihre Netze zu füllen – zu weit für ihre kleinen Barken. Nur einen verschwindenden Anteil von 0,33 % am portugiesischen Bruttosozialprodukt hält der Fischfang noch.

In den Markthallen ist von diesem Abschwung nichts zu bemerken. Die Stände quillen über von fangfrischem Meeresgetier. Und da ist kein Restaurant, das nicht stolz auf seinen schmackhaften Fisch vom Holzkohlengrill wäre.

Das hat Tradition, Eintöpfe und gegrillter Fisch – mehr war unter den Kaminen der einfachen Häuser nicht möglich. Auf einem metallenen Dreibein stand der große Kessel über dem Feuer und darin brodelte vorzugsweise und gleich mehrmals am Tage *papa de milho*. Dieser Maisbrei wurde mit allem angereichert, was es gerade gab: Speck, Gemüse, Sardinen. Was früher eintönige Kost war, ist heute ein beliebtes Gericht geworden, das gerne mit Garnelen und Muscheln aufgepeppt wird *(xarém rico)*.

Die kleinen Grills vor dem Haus, ein beliebtes Fotomotiv, waren ebenfalls aus der Not geboren, denn viele Behausungen verfügten lediglich über ein einziges Zimmer ohne eigenen Kamin. Da blieb nur das Grillen der preiswerten Sardinen vor der Tür.

Schlaglichter und Impressionen

Jobmaschine Tourismus

Tourismus ist das Herzstück der algarvianischen Wirtschaft. 5 Mio. Urlauber besuchen die Algarve jährlich, über 60 % kommen aus dem Ausland. Das verhalf der Region zu einem wirtschaftlichen Aufschwung, der in Portugal nur im Großraum Lissabon höher ausgefallen ist. Dabei haben die Einheimischen noch nicht vergessen, wie arm und rückständig der Landstrich noch in den 1970er-Jahren war. Mangels Brot und Arbeit mussten aus manchen Gemeinden mehr als die Hälfte der Einwohner den bitteren Weg in die Emigration nach Frankreich, Deutschland oder in die Schweiz antreten. Inzwischen hat sich das Blatt gewendet und Portugiesen aus anderen Landesteilen, aber auch Osteuropäer finden Arbeit in der Algarve, meist im Tourismus.

Die Kehrseite: Das gnadenlose Hochziehen von Großhotels an den Küsten wird zuweilen als spanische Krankheit bezeichnet, von der auch viele Orte an der Algarve erfasst wurden. Hier können für Investitionsvorhaben von mehr als 25 Mio. € unter bestimmten Bedingungen sogar Umweltschutzauflagen außer Kraft gesetzt werden. Die Bevölkerung verspricht sich davon weiter wachsenden Wohlstand. Es bleibt eine Gratwanderung.

Das bedrohte Paradies

Immer neue Trockenheitsrekorde wurden in den vergangenen Jahren vermeldet. Hingegen boomen gerade jene Wirtschaftsbereiche, in denen viel Wasser verbraucht wird. Die fortschreitende Intensivierung der Landwirtschaft und die Anlage weiterer Golfplätze mit hohem Wasserverbrauch bleiben ökologisch nicht folgenlos.

Die Klimaerwärmung bedroht Südeuropa bereits heute unmittelbar. Waldbrände sind eine wachsende Gefahr, der die portugiesische Regierung inzwischen mit rigiden Maßnahmen zur Vorbeugung und Bekämpfung begegnet.

Der Meerwasserspiegel steigt, Stürme nehmen zu. Nicht nur in den klassischen Hurrikangebieten, auch an der Algarve. Häufig wird der Sand von den Stränden ins Meer gespült und muss anschließend von Menschenhand wieder aufgeschüttet werden. Durch heftige Winde und peitschende Wasser ausgehöhlt, brechen immer häufiger Steinbrocken aus den Küstenfelsen. Es empfiehlt sich, entsprechende behördliche Warnhinweise strikt zu beachten.

Daten und Fakten

Lage und Ausdehnung: Im äußersten Südwesten Europas erstreckt sich die Algarve auf einer Fläche von 4996 km², was kaum mehr als 5 % Portugals ausmacht. Die Küste am Atlantik zieht sich etwa 150 km von West nach Ost und grenzt an Andalusien.

Staat und Verwaltung: Die Algarve ist eine von 18 portugiesischen Verwaltungsdistrikten mit Faro als Hauptstadt.

Bevölkerung: Die Algarve hat ca. 430 000 Einwohner, etwa 80 % im Küstenbereich. Die Bevölkerungsdichte beträgt 86 Einw./km². Knapp 90 % sind katholisch.

Zeitzone: Greenwich Time, Sommerzeit. Die Algarve ist gegenüber Mitteleuropa ganzjährig eine Stunde zurück.

Superlative: 69 Strände besitzen die blaue Flagge für besondere Sauberkeit.

Geschichte, Gegenwart, Zukunft

Römisches Imperium und Völkerwanderung

Die Römer besetzten im 2. Jh. v. Chr. die Gebiete südlich des Flusses Tejo, der bei Lissabon ins Meer fließt. Sie blieben sechs Jahrhunderte. Auf ausgedehnten Latifundien bauten sie Weizen, Wein und Oliven an. Ökonomische Bedeutung erlangten an der Algarve zudem die Salzgewinnung und Fischkonservierung. Nahe Faro und in Vilamoura sind Reste römischer Wohnhäuser erhalten. Doch die nachhaltigste Hinterlassenschaft ist die portugiesische Sprache, die aus dem Vulgärlatein hervorging.

Arabisches Al-Gharb

Der nordafrikanische Feldherr Tariq wagte mit seinem Heer im Jahr 711 den Sprung über die Meerenge von Gibraltar. In nur sieben Jahren eroberte er fast die gesamte Iberische Halbinsel. Die Mauren brachten Zitrusfrüchte, Mandeln, Feigen und Johannisbrot sowie moderne Handwerkstechniken ins Land. Die Felder wurden dank neuartiger Schöpfbrunnen und Leitungssysteme effektiv bewässert. Arabischen Ursprungs ist auch der Name der Region, Al-Gharb – der Westen. Zur blühenden Hauptstadt wurde im 11. Jh. Silves.

Goldene Zeiten und Niedergang

Mit der Eroberung von Faro 1249 war die christliche Rückeroberung abgeschlossen, der Monarch führte nunmehr den Doppeltitel König von Portugal und der Algarve. Bald sollten die Christusritter ihren Ordenssitz an der Algarve aufschlagen. Ihr Großmeister Heinrich der Seefahrer versammelte im Südwesten bedeutende Wissenschaftler, um die Seefahrt voranzutreiben. Nach der Entdeckung des Seewegs nach Indien durch Vasco da Gama 1498 kontrollierte Portugal den lukrativen Gewürzhandel. Unermessliche Reichtümer strömten ins Land.

Das politische Leben konzentrierte sich nun auf den Hof in Lissabon, die Bedeutung der Algarve schwand. Nur der jugendliche König Sebastião brachte die Region noch einmal auf die politische Bildfläche zurück, allerdings nicht zum Besten Portugals. Von Lagos, damals Hauptstadt der Algarve, startete er 1578 mit 18 000 Soldaten einen Kreuzzug und wurde in Nordafrika vernichtend geschlagen. Thronfolger war der spanische König Philipp II. 60 Jahre lang blieb das Land unter kastilischer Herrschaft.

Verheerende Auswirkungen auf die Entwicklung der Region hatte 1755 das Erdbeben von Lissabon. Obwohl das Epizentrum etwa 200 km südwestlich von Sagres im Meer lag, wurden weite Landstriche der Algarve zerstört. Im Folgejahr wurde Faro zur Hauptstadt.

Das 20. Jahrhundert

Am 5. Oktober 1910 riefen in Lissabon putschende Soldaten die Republik aus. Die neue Verfassung sah ein parlamentarisches Mehrparteiensystem mit großzügigen bürgerlichen Freiheiten vor. Doch scheiterten die Demokraten mit ihren hehren Vorstellungen und in der Folgezeit durchlebte das Land wirtschaftliche Krisen und eine Phase der politischen Instabilität. Die erste Republik endete 1926 mit einem Militärputsch. Die Diktatur sollte bis 1974 dauern und mit dem Namen Salazar

Geschichte, Gegenwart, Zukunft

verbunden bleiben. Portugal verzettelte sich in Kolonialkriegen und wurde zum Armenhaus Europas. Die Analphabetenrate lag noch 1974 bei über 30 %.

Die moderne Demokratie wurde am 25. April mit dem Putsch einer breiten Bewegung der Streitkräfte eingeläutet. Die Bevölkerung schmückte die Gewehrläufe der Soldaten mit Blumen und die friedliche Erhebung erhielt ihren Namen: Nelkenrevolution. Seitdem gehen abwechselnd konservative und sozialdemokratische Parteien als Sieger aus den Wahlen hervor. Der langjährige Minister- und Staatspräsident Aníbal Cavaco Silva stammt aus Boliqueime bei Albufeira. Die demokratische Entwicklung erlebte ihre Höhepunkte mit dem EG-Beitritt am 1. Januar 1986 und dem EU-Reformvertrag von Lissabon 2009.

Gegenwart und Zukunft

Die jüngste Finanz- und Wirtschaftskrise hat jedoch den ersehnten Anschluss an den mitteleuropäischen Lebensstandard in weite Ferne rücken lassen. Die Einnahmen aus dem Tourismus, die immerhin fast ein Drittel des algarvianischen Bruttosozialprodukts ausmachen, sanken um 20 % und damit weit stärker als im portugiesischen Durchschnitt. Doch die Naturschönheiten, kulturellen Highlights und der viele Sonnenschein lassen für die Zukunft hoffen. Allerdings nur dann, wenn man die Fehler vergangener Zeiten zu vermeiden sucht und nicht mehr fast ausschließlich auf Hotelburgen setzt, sondern den naturnahen, umweltschonenden Tourismus fördert.

Eine Zwischenbilanz fällt ambivalent aus. Positive Ansätze sind erkennbar, etwa der durchgehende Wanderweg durch das Hügelland oder ein neuer Fahrradweg entlang der Küste. Unübersehbar sind aber auch gegenläufige Tendenzen, etwa die Genehmigung neuer Bettenburgen selbst in Naturschutzgebieten.

Auch die Algarve blieb von Bausünden nicht verschont: Hotelburgen in Alvor

Übernachten

Unterkünfte für alle

Die Algarve stellt für jeden Geschmack und Geldbeutel Unterkünfte bereit. Die Preise schwanken saisonabhängig sehr stark. Ein Zimmer im 4-Sterne-Haus ist im Winter schon für 30 € zu bekommen, im August kostet es dann bis 150 €. Grundsätzlich ist das Frühstück im Preis enthalten, Einzelzimmer sind ca. 20 % günstiger als Doppelzimmer.

Buchung

Im Hochsommer sollten Sie vorab reservieren, da auch viele Portugiesen an der Algarve ihren Urlaub genießen. Hochpreisige Unterkünfte bekommen Sie bei Internetagenturen meist deutlich günstiger als vor Ort oder auf den hoteleigenen Webseiten. Empfehlenswert sind www.opodo.de, www.booking.com und www.hrs.de. Auch Pauschalangebote in Reisebüros oder direkt bei den Veranstaltern können sehr preiswert sein.

Hotels

Staatlicherseits werden Hotels mit ein bis fünf Sternen klassifiziert. Dies Zahl entspricht grundsätzlich auch der Qualität des Hauses, zumal die Vergabe der Sterne 2011 aktualisiert wurde. Ein Mittelklassehotel mit Klimaanlage hat drei bis vier Sterne, aber auch alle einfacheren im Reiseteil empfohlenen Unterkünfte sind mit Bad oder Dusche ausgestattet.

Hotels dürfen eine zusätzliche Charakterisierung im Namen führen. Ein Hotel Pensão oder Hotel Residencial ist meist einfacher. Die vier luxuriösen Hotels Pousada sind wunderschön gelegen, die Inneneinrichtung ist gediegen. In Sagres und São Brás de Alportel wurden sie in neuen Häusern eingerichtet, in Tavira und Estói haben sie historische Gebäude bezogen. Angebote beginnen bei 90 € für das Doppelzimmer. Detaillierte Informationen und zahlreiche Sonderangebote unter www.pousadas.pt (auch auf Deutsch). Vorsicht: Die deutsche Seite www.pousadas.de listet keine Angebote.

Apartamentos Turísticos

Apartmentanlagen von schlicht bis luxuriös gibt es überall entlang der Küste. Um zum nächsten Ort zu gelangen, benötigt man allerdings oft ein Auto.

Ferienwohnungen

Das Angebot an Ferienwohnungen und teilweise luxuriösen Villen ist sehr groß. Fast alle Anwesen haben einen Pool, zum Standard gehört ein Hausservice für Reinigung und Wäsche. Angebote unter www.algarve-live.de oder www.algarve-reisen.com.

Mit Familienanschluss

Wer das Besondere liebt, wohnt unter einem Dach mit den einheimischen Besitzern. Diese Art von Ferienunterkunft mit Flair ist in zwei Kategorien eingeteilt. Beim Turismo de Habitação handelt es sich um kleinere Häuser mit viel Kom-

Übernachten

Eine der vielen traumhaften Unterkünfte an der Algarve – der Vila Vita Park in Armação

fort. Rustikaler geht es im Turismo no Espaço Rural zu. Die Seite des algarvianischen Tourismusamtes www.visitalgarve.pt listet die lizenzierten Unterkünfte.

Privatzimmer

Ein nennenswertes Angebot an Privatzimmern gibt es nur in den Küstenorten. Da meist nicht lizenziert, sind sie nur selten mit dem Schild *quartos* gekennzeichnet. Oft werden sie unter der Hand an Busbahnhöfen oder in Cafés angeboten.

Jugendherbergen

Sechs Pousadas de Juventude gibt es, in Alcoutim, Aljezur (Arrifana), Faro, Lagos, Portimão und Tavira. Sie stehen für Menschen jeden Alters offen. Einen Internationalen Jugendherbergsausweis erhält man vor Ort. Eine Übernachtung im Mehrbettzimmer kostet zwischen 11 und 16 €, für die Reservierung werden 1,50 € pro Person fällig. Es gibt auch Doppel- und Familienzimmer. Zentrale Reservierung: Movijovem, Rua Lúcio de Azevedo, 27, 1600-146 Lisboa, Tel. 707 20 30 30, http://juventude.gov.pt/Portal/lazer/pt.

Campingplätze

Aus Naturschutzgründen ist wildes Campen verboten und wird mit hohen Geldbußen geahndet. 20 Campingplätze stehen an der Algarve zur Verfügung, durchweg gepflegte Einrichtungen mit guten sanitären Anlagen, diversen Sportmöglichkeiten, Geschäften und Restaurants. Die Campingplätze auf dem Festland sind ganzjährig geöffnet: Sagres, Raposeira, Salema, Espiche, Valverde/Luz, Lagos, Alvor, Ferragudo, Armação de Pêra (zwei Plätze), Albufeira, Quarteira, Olhão, Fuseta, Vila Nova de Cacela, Monte Gordo. Die Plätze auf den Inseln Ilha de Armona und Ilha de Tavira sind im Winter zeitweise geschlossen. Den Campingführer Roteiro Campista bekommt man in vielen portugiesischen Buchhandlungen. Über die entsprechende Internetseite www.roteiro-campista.pt und beim Betreiber Orbitur (www.orbitur.pt) können einige Plätze direkt gebucht werden. Die Preise liegen platz- und saisonabhängig bei 2–7 € pro Person und Auto, bei 3–10 € für Zelt und Caravan. Für die meisten Plätze benötigt man einen internationalen Campingausweis. Infos bietet der Portugiesische Campingverband: www.fcmportugal.com.

Essen und Trinken

Die richtige Restaurantwahl

Da gibt es zunächst einmal die Tascas, eher einfache Kneipen mit durchaus schmackhafter Hausmannskost. Meist sind sie nicht sonderlich elegant eingerichtet, die Speisekarte ist sehr überschaubar, häufig werden die Tagesgerichte an eine Tafel geschrieben. In preiswerten Lokalen sind die Hauptspeisen ab 5 € zu bekommen; der Übergang zu den komfortableren Restaurants mit Preisen ab 7 € ist fließend.

Immer stärkeren Zuspruch findet eine ambitionierte portugiesische Küche. Junge Köche zaubern erstaunliche Gerichte aus traditionellen Zutaten. Einige ausländische Küchenchefs betreiben Spitzengastronomie, weswegen die Region zwischen Faro und Albufeira die höchste Zahl von Restaurantsternen am portugiesischen Gastronomiehimmel aufweisen kann. Genial sind Strandrestaurants mit direktem Blick aufs Meer, die es entlang der Küste in allen Qualitäts- und Preisstufen gibt. Abseits der touristischen Zentren finden sich genügend Gelegenheiten, eine unverfälschte ländliche Küche zu genießen.

Meia dose und Menu turístico

Einige Restaurants bieten für den kleinen Hunger eine halbe Portion an *(meia dose)*. Häufig steht ein Touristenmenu auf der Speisekarte, das zumeist aber kaum preiswerter ist und nur selten höheren kulinarischen Ansprüchen genügt.

Frisch aus dem Meer

Dafür ist die Algarve berühmt: frischer Fisch, am liebsten auf Holzkohle gegrillt, dazu ein bunter Salat oder etwas Gemüse und Salzkartoffeln. Zum typischen Geschmack gehören hervorragendes Olivenöl, Knoblauch und frischer Koriander. Direkt aus dem Meer und nicht aus der

In traditionellen Kupfergefäßen werden Meeresfrüchte, Fisch oder Fleisch geschmort

Essen und Trinken

Kühltruhe kommen die silbrig glitzernden Sardinen nur in der warmen Jahreszeit. Auch Seebrassen, Degenfische, Bastardmakrelen, Thunfische, Rotbarben, Seezungen, Seeteufel und Tintenfische stehen häufig auf der Speisekarte.

Für den Stockfisch *(bacalhau)*, getrockneter Kabeljau, sind angeblich 365 verschiedene Rezepte bekannt – für jeden Tag im Jahr eines.

Wer Meeresfrüchte mag, wird von den Muscheln und Garnelen begeistert sein – gedünstet, vom Grill oder im Eintopf, dann mit weißen Bohnen, Reis und sogar Nudeln. Etwas Wagemut braucht man vielleicht für die beliebten Entenmuscheln *(perceves)*. Das sind kleine Schalenkrebse, die aussehen wie ein winziger Elefantenfuß. Ihr rosafarbenes Fleisch wird herausgedreht.

Fleisch

Eine lukullische Entdeckung sind die traditionellen Fleischgerichte vom Lamm, Zicklein, Kaninchen und Rebhuhn. Auch die Hühnchen in den Grillhäusern *(churrasqueira)* sind nicht zu verachten. Exotische Essgewohnheiten schimmern beim *frango com piri-piri* durch. Das marinierte Hühnerfleisch wird scharf gewürzt.

Etwas Vorsicht ist nur beim Steak *(bife)* geboten; das oft ziemlich dünne Fleischstück wird von manchen Köchen so lange gebraten, bis es einer zähen Schuhsohle gleicht.

Süßspeisen

Süße Leckermäuler kommen voll auf ihre Kosten. Zucker, Eier, Mandeln und Zimt sind die Grundzutaten für Marzipantörtchen und -kuchen, allesamt heftige Kalorienbomben. Das gilt auch für die Eiersüßspeisen und die sehr süße

> Meeresfrüchte und Fisch werden oft zu **Kilopreisen** angeboten. Das deutet auf frischen Fang hin. Rechnen Sie mit etwa 350 g Fisch pro Person, 100 g Garnelen ergeben eine schöne Vorspeise.

Schokoladencreme. Die Konditoreien bieten wunderbare Köstlichkeiten wie ›Nonnenbäuchlein‹ *(barrigas de freira)* und ›Engelsbäckchen‹ *(papos de anjos)*.

Alkoholisches

Die portugiesischen Weine besitzen zumeist eine hohe Qualität. Beliebt ist der junge, spritzige Vinho Verde (8–12 % Alkohol). Weine aus den Regionen Dão, Douro und Alentejo genießen einen sehr guten Ruf. In den letzten Jahren hat der algarvianische Wein an Qualität gewonnen und ist durchaus einen Versuch wert. Die Preise im Restaurant beginnen bei 6 € für die Flasche. Zu Meeresfrüchten passt auch ein kühles Bier. Die populärsten Marken sind Sagres und Super Bock.

Der hochprozentige Medronho wird aus den Früchten des Erdbeerbaums gebrannt. Der süße Portwein wird an der Algarve seltener getrunken.

> Tolle Eintöpfe zaubern die Algarvianer in ihrer *cataplana*. So wird der **algarvianische Römertopf** genannt, eine von einem Scharnier zusammengehaltene Doppelpfanne aus Metall, die zusammengeklappt wie ein Schmorgefäß funktioniert. Darin werden Kartoffeln und Gemüse gemeinsam mit Fisch, Meeresfrüchten oder Fleisch sanft gegart – köstlich.

Reiseinfos von A bis Z

Anreise

Flugzeug
Der Aeroporto de Faro zählt zu den wichtigsten portugiesischen Flughäfen und wird von fast allen Charter- und Billigfluggesellschaften regelmäßig angeflogen. Linienflüge mit der portugiesischen TAP oder der Lufthansa legen häufig einen Zwischenstopp in Lissabon ein. Exakte Flugdaten gibt es, auch in englischer Sprache, unter www.ana.pt. Allgemeine Flugauskunft unter Tel. 289 80 08 01.

Im Ankunftsbereich des Flughafens befinden sich eine Touristeninformation, eine Wechselstube, ein Postamt sowie die Schalter internationaler Mietwagenfirmen (Buchung im Heimatland meist preisgünstiger).

Wer von hier aus seine Reise mit dem Mietauto beginnt, kommt zunächst auf die vierspurige Schnellstraße in Richtung Faro und von dort auf die Autobahn A 22. In die Westalgarve fährt man in Richtung Albufeira/Lagos, in die Ostalgarve geht es Richtung Vila Real de Santo António/Espanha.

Busse und Taxen
Der Flughafen liegt etwa 6 km vom Stadtzentrum entfernt. Dorthin fahren die Buslinien 14 und 16 der Firma Eva von 7.10 bis 21.40 Uhr. Die Haltestelle befindet sich am Ausgang des Flughafens. Von Faro aus fahren Busse in alle größeren Orte der Algarve.

Eine Taxifahrt ins Zentrum von Faro kostet etwa 12 € (ggf. kommen Gepäck-, Nacht- oder Feiertagsaufschläge hinzu). Richtpreise für weitere Ziele: Albufeira 36 €, Carvoeiro 50 €, Lagos 65 €, Vila Real de Santo António 58 € plus Zuschläge.

Zahlreiche Firmen bieten Transporte in Kleinbussen an, die vorab reserviert werden müssen, z. B. bei www.easygoholidays.pt. Bei der Rückfahrt übernehmen die Hotels die Buchung.

Mietwagen
Alle wichtigen Anbieter unterhalten Büros am Flughafen, u. a.:
Auto Jardim, Tel. 289 80 08 81, www.auto-jardim.com; AVIS, Tel. 289 88 94 56, www.avis.de; Europcar, Tel. 289 88 94 40, www.europcar.de; Hertz, Tel. 289 81 82 48, www.hertz.de.

Anreise per Bus und Zug
s. Der Umwelt zuliebe, S. 25

Einreisebestimmungen
Für die Einreise nach Portugal benötigen Deutsche, Österreicher und Schweizer einen gültigen Personalausweis oder Reisepass. Die maximale Aufenthaltsdauer beträgt für Schweizer drei Monate und kann bei der Ausländerbehörde verlängert werden. Um Schwierigkeiten aus dem Weg zu gehen, sollten sich dann auch EU-Bürger bei der Behörde melden. Kinder und Jugendliche benötigen einen eigenen Personalausweis oder Reisepass, sofern sie nicht vor 2007 im Pass der Eltern eingetragen wurden.

Zollbestimmungen: Die Mitnahme von Waren für den privaten Gebrauch innerhalb der Europäischen Union unterliegt keinen Zollbeschränkungen. Als persönlicher Bedarf gelten max. 800 Zigaretten, 400 Zigarillos, 200 Zigarren und 1 kg Rauchtabak, außerdem 10 l alkoholische Getränke von über 22 %

Reiseinfos von A bis Z

Vol., 20 l von weniger als 22 %, 90 l Wein oder 110 l Bier.

Schweizer Staatsbürger dürfen lediglich 200 Zigaretten, 100 Zigarillos oder 50 Zigarren ausführen, dazu 1 l hochprozentigen oder 2 l niedrigprozentigen Alkohol und zusätzlich 2 l Wein. Auch bei Parfum (50 g), Eau de Toilette (250 ml), Kaffee (500 g) und Tee (100 g) sind die Mengen für Schweizer begrenzt. Der Gesamtwert darf 175 € nicht überschreiten. Sie können sich max. 59,36 € Mehrwertsteuer rückerstatten lassen.

Feiertage

1. Januar: Neujahr
Februar/März: Faschingsdienstag
März/April: Karfreitag
25. April: Jahrestag der Nelkenrevolution *(Dia da Liberdade)*
1. Mai: Tag der Arbeit
Mai/Juni: Fronleichnam
10. Juni: Nationalfeiertag anlässlich des Todestags des Nationaldichter Luís de Camões *(Dia de Portugal)*
15. August: Mariä Himmelfahrt
5. Oktober: Nationalfeiertag anlässlich der Ausrufung der Republik 1910 *(Dia da República)*
1. November: Allerheiligen
1. Dezember: Tag der Restauration (Ende der spanischen Herrschaft über Portugal 1640)
8. Dezember: Mariä Empfängnis
25. Dezember: Weihnachten
Zusätzlich gibt es örtliche Feiertage zu Ehren des jeweiligen Schutzpatrons meist im Juni, Juli und September.

Feste und Events

Training der Formel-1-Teams: Februar, Autodrom von Portimão, s. S. 24
Volta ao Algarve: Mitte Februar, Fünftägiges Radrennen mit vielen internationalen Radsportgrößen und Siegern der Tour de France
Karnevalsumzüge: Februar/März, in Loulé, Moncarapacho und Alte
Lauf zur Superbike-Weltmeisterschaft: März, Portimão
Ostersonntag und **zweiter Sonntag nach Ostern:** März/April, Mãe Soberana, s. S. 79
Powerboat Formel 1: Anfang Mai, in Portimão
Festival dos Descobrimentos: Mai, in Lagos, s. S. 39
FIESA: zweite Maihälfte bis Oktober, bei Alcantarilha, s. S. 49
Musikfestival Med: Ende Juni, Loulé, s. S. 79
Festival Internacional de Jazz: Mehrere Tage im Juli, Loulé, s. S. 79
Verão de Tavira: Juli/August, s. S. 98
Sasha Summer Session: August, Praia da Rocha, s. S. 46
Festival do Marisco: Mitte August, Olhão. Meeresfrüchte-Festival, s. S. 91
Fatacil: Mitte August, Lagoa, s. S. 48
Festival da Sardinha de Portimão: Mitte August, s. S. 46
Dias Mediaveis: Ende August/Anfang September, Castro Marim, s. S. 103
Feira de Santa Iria: Oktober, Faro, s. S. 74
Große Silvesterpartys: in Albufeira und Portimão

Geld

Portugal gehört zur Eurozone, daher ist die Währung der Euro. Die zahlreichen Bankautomaten sind am blauweißen Logo MB (Multibanco) zu erkennen. Mit Scheckkarte und Geheimnummer kann man pro Transaktion bis zu 400 € abheben. Die gängigen Kreditkarten werden problemlos akzeptiert.

Reiseinfos von A bis Z

Gesundheit

Die Europäische Krankenversicherungskarte der heimischen Krankenversicherung berechtigt zur kostenlosen Behandlung mit geringer Selbstbeteiligung in den drei staatlichen Krankenhäusern *(hospital)* mit Notaufnahme *(urgências)*.

Krankenhäuser
Faro: Rua Leão Penedo, Tel. 289 89 11 00
Portimão: Sítio do Poço Seco, Tel. 282 45 03 00
Lagos: Rua Castelo dos Governadores, Tel. 282 77 01 00
Für weniger gravierende Fällen ist ein ebenfalls kostenfreies Centro de Saúde zu empfehlen, das es auch in kleineren Orten gibt. Die Behandlungen bei Privatärzten und -kliniken sowie Zahnarztbesuche müssen hingegen grundsätzlich direkt bezahlt werden. Der Abschluss einer Reisekrankenversicherung ist für diese Fälle ratsam. Zahlreiche deutschsprachige Ärzte gibt es in Carvoeiro.
Apotheken *(farmácia)* erkennt man an einem Schild mit weißem Kreuz auf grünem Grund. In vielen Fällen spricht das Personal englisch.

Informationen

In Deutschland
Turismo de Portugal: Zimmerstr. 56, 10117 Berlin, Tel. 0180 500 49 30, www.visitportugal.com

In Österreich
Turismo de Portugal: Opernring 11/Stiege R/2, OG, 1010 Wien, Tel. 0810 90 06 50, www.visitportugal.com

In der Schweiz
Turismo de Portugal: Zeltweg 15, 8032 Zürich, Tel. 0800 10 12 12, www.visitportugal.com

In der Algarve
Entidade Regional de Turismo do Algarve: Av. 5 de Outubro, 18-20, 8000-076 Faro, Tel. 289 80 04 00, www.visitalgarve.pt
Alle touristisch interessanten Orte unterhalten eigene Tourismusämter (s. Reiseteil). Die meisten örtlichen Websites lauten www.cm-Städtename.pt, also beispielsweise www.cm-faro.pt.

Kinder

Kinder sind in der Algarve überall willkommen, auch in Hotels und Restaurants. Vor allem die meist sanft abfallenden Sandstrände zwischen Faro und der spanischen Grenze sind für die lieben Kleinen geeignet, denn das Wasser ist hier wärmer und die Strömung geringer.

Alternativen zum Baden bieten die Freizeitparks, meist nahe der Nationalstraße EN 125. Im Zoomarine bei Albufeira gibt es Wassershows mit Delfinen, Seelöwen und Seehunden sowie reichlich Spielgeräte und Karussells. Um auch noch die Haie, Schildkröten, Krokodile und Seevögel zu bestaunen, braucht man einen ganzen Tag (www.zoomarine.pt).

Die benachbarte »Krazy World« betreibt einen Tierpark mit Krokodilen, Alligatoren, Schlangen, Kuschelzoo, Dinopark und Spielplätzen (www.krazyworld.com).

Zum Erlebnis für die ganze Familie wird der Besuch des Tierparks von Lagos beim nordwestlich gelegenen Barão de São João. Rosafarbene Flamingos, vietnamesische Schweine und die Affen sind die Lieblinge der Kinder (www.zoolagos.com).

Reiseinfos von A bis Z

Klima und Reisezeit

Mit über 3000 Stunden im Jahr scheint die Sonne an der Algarve häufiger als in jeder anderen Region des europäischen Festlands. Die Höchsttemperaturen an der Küste steigen nur selten über 30° C. Allerdings ist die Sonne sehr intensiv, sodass die gefühlte Temperatur höher ist. Im Landesinneren ist es Sommer einige Grade heißer, im Winter allerdings kühler; nachts können die Temperaturen sogar unter 0° C sinken. Am Atlantik liegen die durchschnittlichen Höchsttemperaturen zwischen November und Februar bei 16° C. Die eigentliche Regenzeit reicht von November bis April. Mit etwas Glück können Sie aber auch dann eine Woche reinen Sonnenschein genießen. Im Hochsommer fällt so gut wie kein Niederschlag. Die Wassertemperatur steigt im Sommer und Frühherbst auf bis zu 22° C und fällt im Winter auf 15° C.

Eine Reise an die Algarve lohnt das ganze Jahr. Allerdings wird es im Hochsommer sehr voll und die Hotels sind oft überteuert. Vorbuchen ist dann ratsam. Der Atlantik speichert die sommerliche Wärme, sodass ein Badeurlaub im Frühherbst sehr angenehm sein kann. Die schönste Reisezeit für Naturfreunde ist der Frühling, der an der Algarve schon im Februar mit der Mandelblüte beginnt. Wandern kann man das ganze Jahr, nur nach winterlichen Regenfällen ist mit teilweise unpassierbaren Was-

Sicherheit und Notfälle

Die Algarve gilt als relativ sicher, doch wurden in jüngster Vergangenheit einige tätliche Angriffe auf Ausländer verübt. Die Polizeipräsenz ist seitdem erheblich verstärkt. Dennoch sind Wertsachen, größere Geldbeträge und Ausweisdokumente im Hotelsafe am Besten aufgehoben. In geparkten Mietautos sollte man möglichst nichts zurücklassen und am Strand persönliche Sachen nicht unbeaufsichtigt lassen.

Anders als in Spanien und in Italien wird eine **alleinreisende Frau** ihren Urlaub in der Algarve in der Regel ohne Aufdringlichkeiten oder Anmache auf der Straße verleben. In Gaststätten wird sie mit der gleichen Aufmerksamkeit bedient wie die anderen Gäste, nehmen doch auch Portugiesinnen ihr Restaurantessen mitunter alleine zu sich.

Wichtige Telefonnummern
Notrufnummer für Polizei, Krankenwagen und Feuerwehr: 112 kostenlos aus Festnetz und Mobilfunk
Hilfe bei Vergiftungen: Tel. 808 25 01 43 (Ortstarif)
Sperrung von Scheck- und Kreditkarten: Tel. 0049 11 61 16 oder 0049 30 40 50 40 50; www.116116.eu. Einen SOS-Infopass erhalten Sie unter www.kartensicherheit.de

Diplomatische Vertretungen
Deutscher Honorarkonsul: Tel. 289 80 31 48, www.honorarkonsul-faro.de
Österreichisches Konsulat: Tel. 289 51 09 00, www. bmaa.gv.at
Schweizer Botschaft: Tel. 213 94 40 90, www.eda.admin.ch/lisbon

Reiseinfos von A bis Z

Klimadiagramm Faro

serläufen zu rechnen. Surfer bevorzugen die rauen Winde in den kälteren Monaten. Tauchen ist zwischen Juni und Oktober am attraktivsten.

Öffnungszeiten

Banken: Mo–Fr 8.30–15 Uhr
Postämter: Mo–Fr 9–18 Uhr, in kleinen Orten mit einer Mittagspause, am Flughafen Faro auch Sa, So
Geschäfte: Mo–Sa 10–19 Uhr, manche kleineren Läden mit ein- bis zweistündiger Mittagspause. In den Touristenzentren sind viele Geschäfte auch sonntags offen, in den großen Einkaufszentren tgl. bis etwa 22, im Hochsommer bis 24 Uhr.
Restaurants: In der Regel von 12.30–14.30 und 19.30–22.30 Uhr, häufig ist Sonntag Ruhetag.

Rauchen

Abgesehen von ausgewiesenen, abgetrennten Bereichen gilt in allen geschlossenen öffentlichen Räumen, also auch in Hotels und Restaurants, ein Rauchverbot.

Reisen mit Handicap

Das Vorhaben, die Infrastruktur der Algarve behindertengerechter zu gestalten, zeitigt erste Erfolge. Neue Unterkünfte besitzen entsprechende Einrichtungen, viele Strände sind für Menschen mit eingeschränkter Mobilität zugänglich (Hinweisschilder *praia acessível*). Albufeira wurde 2009 als behindertenfreundliche Stadt ausgezeichnet, nachdem 85 % aller Barrieren im öffentlichen Raum beseitigt worden sind.

Spezielle Reiseangebote für Behinderte bietet Accessible Portugal: Rua João Freitas Branco, 21, 1500-714 Lisboa, Tel. 217 20 31 30, www.accessibleportugal.com.

Sport und Aktivitäten

Baden und Strände

Die Traumstrände der Algarve liegen eingebettet in schöne Landschaften und weisen eine hervorragende Wasserqualität auf. So hissen 69 Strände die blaue EU-Flagge für besondere Sauberkeit.

Die Badesaison dauert von Juni bis Anfang Oktober.

Zwischen Vila Real de Santo António und Albufeira locken weite, flach abfallende Sandstrände am Festland und auf vorgelagerten Inseln. Von Albufeira bis Lagos locken noch mehr lange Strände und idyllische Buchten mit bizarren Felsformationen und Unterwasserhöhlen. Je näher man dem Cabo de São Vicente kommt, desto kräftiger wird die Brandung, doch auch dort gibt es windgeschützte Buchten. Die einsame West-

Reiseinfos von A bis Z

Die 12 attraktivsten Strände

Arrifana (Aljezur): Schmale Bucht von hohen Felsen umschlossen, ideal für Surfer und Bodyboarder.
Amado (Bordeira): Schon der englische Prinz William erlernte hier das Surfen.
Beliche (Sagres): Europas südwestlichste Badebucht ist nur über Stufen im Fels zugänglich.
Três Irmãos (Alvor): 1 km langer Sandstrand, der an einer bizarren Felsformation endet. Mit etwas Glück trifft man hier prominente Fußballer oder Schauspieler.
Prainha (Portimão): Umschlossen von Felsen wirkt die kleine Bucht wie ein Privatstrand.
Praia da Rocha (Portimão): Der berühmteste Sandstrand der Algarve, von Felsen durchbrochen.
Marinha (Carvoeiro): Der vielleicht schönste Strand Portugals, winzig und von Felsen umrahmt.
Salgados (Armação de Pêra): Kilometerlanger, heller Familienstrand.
Praia de São Rafael (Albufeira): Enge Bucht zwischen Felsen, auch für Taucher.
Vale do Lobo: Bilderbuchstrand vor roten Felsen.
Praia do Barril: Ein Pfad durch's Haff oder eine kleine Bimmelbahn bringen Sie an den fast weißen Sandstrand. Ideal für Kinder.
Cacela und Manta Rota: Bilden zusammen den längsten algarvianischen Strand in einer Dünenlandschaft, familienfreundlich.

küste zwischen dem Cabo São Vicente und Odeceixe bildet das Kontrastprogramm. Die See ist rau und der Wind bläst kräftig – paradiesische Bedingungen für Bodysurfer und Taucher.

In der Algarve werden Sie mit Sicherheit Ihren Strand finden, denn die Auswahl ist einfach riesig. Alle Strände sind frei zugänglich, es gibt keine Privatzonen. Häufig werden Sonnenschirme und Liegen vermietet, allerdings zu recht hohen Preisen.

Aufgrund starker, oftmals von außen nicht erkennbarer Strömungen sollten Sie nur an bewachten Stränden ins Wasser gehen und die folgenden Hinweise beachten: Bei grüner Flagge besteht keine Gefahr. Bei gelber Flagge ist erhöhte Vorsicht geboten. Die rote Flagge verbietet das Schwimmen, weswegen auch keine Rettungsschwimmer anwesend sind.

FKK: Oben ohne wird meist toleriert, der einzige offizielle FKK-Strand ist die Ilha do Tavira. Aufgrund ihrer Abgeschiedenheit wird FKK auch an folgenden Stränden praktiziert: Beliche, Bordeira, Zavial, Furnas, Canavial, Ilha de Armona, Quatro Águas.

Bootsausflüge

Unzählige kleine Firmen bieten Bootstouren an, um die Grotten und Höhlen der Felsalgarve zu erkunden, wahlweise mit oder ohne Picknick – in jedem Fall lohnenswert, denn die bizarren rötlichen und ockerfarbenen Felsformationen sind gerade von der Wasserseite aus ein spektakulärer Anblick (s. S. 9). Das Segelschiff Santa Bernarda kreuzt mehrere Stunden oder einen ganzen Tag vor der Westküste (www.santa-bernarda.com).

Reiseinfos von A bis Z

Auf den Wasserläufen des Naturschutzgebiets Ria Formosa lassen sich seltene Vogelarten beobachten. Anbieter sind Formosamar (www.formosamar.pt), Ilha Deserta (www.ilha-deserta.com) und Sunquays auf einem Solarboot (www.sunquays.com).

Auch die Flüsse Guadiana und Arade lassen sich ab Vila Real de Santo António bzw. Portimão per Ausflugsboot erkunden (www.riosultravel.com).

Etwas abenteuerlicher sind Kajak-Touren auf dem Stausee Barragem da Bravura nördlich von Portimão (www.alternativtour.com). Wer es besonders luxuriös liebt, begibt sich in Vilamoura auf die Luxusyacht San Lorenzo II und verbringt mit Champagner, Lachs und Kaviar zum stolzen Preis von 2000 € einen Tag auf hoher See (www.champagnecruises.net).

Fahrradfahren

Eine bequeme Art, die Algarve per Fahrrad zu erkunden, soll der Küstenradweg *ecovia litoral* werden, von dem bereits viele Abschnitte fertiggestellt sind (aktuelle Infos unter www.ecoviasalgarve.org). Rennradler finden ihr Terrain in den verkehrsarmen Hügeln und Bergen des Hinterlands. Radverleihe gibt es in den touristischen Zentren (Infos im Reiseteil). Geradezu genial ist das Angebot, vom Berg Foía (902 m) mit Leihrädern immer bergab bis an die Küste zu sausen (www.outdoor-tours.net und www.alternativtour.com).

Golf

Mit 36 malerisch gelegenen Plätzen ist die Algarve ein Top-Golfziel. International die höchste Anerkennung finden Penina Golf bei Portimão und San Lorenzo bei Faro. Auf den meisten Plätzen wird ein Handicap von 36 für Frauen und 28 für Männer verlangt. Startzeiten auf den renommiertesten Plätzen sollten Sie vor allem in der Saison frühzeitig buchen, möglichst schon von Deutschland aus.

Die große Nachfrage nach Spielmöglichkeiten hat allerdings auch ihre Schattenseiten, denn in den vergangenen Jahren sind manche Gebühren *(green fees)* in astronomische Höhen gestiegen. Über 100 € für eine Runde sind nichts Besonderes. Preisgünstiger sind häufig pauschale Angebote von Hotels mit Sonderkonditionen für verschiedene Plätze oder komplette Golfreisen. Informationen gibt es im Internet unter www.portugalgolf.de, www.algarvegolfe.com und www.portugalgolfe.com.

Motorsport

Die brandneue Rennstrecke Autódromo Internacional Algarve liegt nördlich von Portimão. Zum Winterausgang testen zahlreiche Teams der Formel 1 hier ihre Boliden, während der Saison finden offizielle Motorrad- und Autorennen statt. Es werden auch Rennsportkurse für Privatleute angeboten (http://autodromoalgarve.com.pt).

Reiten

Reitkurse, Ausritte auf Lusitanerpferden und Ponys in den *centros hípicos* gehören zum festen Freizeitangebot in der Algarve. Die Küstenregion und die Hügel des Hinterlandes eignen sich gleichermaßen für wunderschöne Exkursionen. Die Preise für eine Stunde auf dem Pferderücken liegen um 30 €. Komplette Reiterferien organisiert »Das Urlaubspferd« (www.urlaubspferd.de).

Segeln

Das Segelhandwerk kann man in der Schule des Europameisters, Vizeweltmeisters und olympischen Bronzemedaillengewinners Hugo Rocha erlernen (www.hugorocha.com).

Reiseinfos von A bis Z

Große Jachthäfen *(marinas)* gibt es in Vilamoura, Albufeira, Portimão und Lagos. Kreuzfahrten und Jachtcharter bucht man am besten in Vilamoura (www.marinadevilamoura.com), wo auch Boote zu mieten sind.

Tauchen

Taucher freuen sich über eine beträchtliche Artenvielfalt. Schon ab 10 m Tiefe sehen sie Gorgonien, Tintenfische, Muränen, Nacktschnecken und Langusten. Mit etwas Glück lassen sich auch seltene Seepferdchen, Nagelrochen und Petersfische beobachten. Die zahlreichen Tauchplätze zeigen Seegrasfelder, Riffe, spektakuläre Unterwasserhöhlen und Grotten sowie Wracks, die bis zu 39 m tief liegen. Die Ponta de Sagres (Porto da Baleeira) gilt mit zahllosen Unterwasserhöhlen und einem untergegangen Frachter aus dem Ersten Weltkrieg als eines der besten Tauchgebiete der Iberischen Halbinsel. Eine gut sortierte Liste von Tauchstationen findet sich unter www.tauchbasen.net/tauchen-portugal-66.html. Einen Tauchführer hat das algarvianische Tourismusamt herausgegeben.

Wandern

Die Naturschönheiten der Algarve laden geradezu zum Wandern ein. Die Via Algarviana (www.viaalgarviana.org) durchzieht auf einer Länge von über 240 km das gesamte Hinterland von Ost nach West. Die Tagesabschnitte sind zwischen 14 und 30 km lang.

Auch zahlreiche kürzere Wanderwege sind markiert. Besonders umtriebig war die Organisation Odiana in Castro Marim, die viele Routen nahe dem Rio Guadiana ausgeschildert hat (www.odiana.pt). Einsame Wanderwege gibt es auch in der Serra do Caldeirão zwischen Alte und São Brás de Alportel.

Der Umwelt zuliebe – nachhaltig reisen

Die umweltfreundliche **Anreise per Bahn** beansprucht etwa 30 bis 40 Std. Sie führt mit Umsteigen über Frankreich, Spanien und Lissabon: www.bahn.de, www.sbb.ch, www.oebb.at.

Von vielen Städten in Deutschland und der Schweiz erreichen die **Linienbusse** der Eurolines die Algarve etwas schneller. Österreicher müssen in München oder Zürich zusteigen: www.touring.de, www.eurolines.ch.

Flugreisende sollten einen längeren Aufenthalt buchen, da mehrere Kurzurlaube per Flugzeug die Umwelt stärker belasten.

Die Infrastruktur der **öffentlichen Verkehrsmittel** ist gut entwickelt (s. S. 26).

Die großen Supermärkte bieten auch **Biolebensmittel** an. Die größten Biolabels heißen Agrobio (www.agrobio.pt) und Ecocert (www.ecocert.pt). Märkte und kleine Lebensmittelgeschäfte bieten eine große Auswahl an regionalen Produkten, die ohne lange Transportwege auskommen.

Die Algarve ist eine **wasserarme Region;** ein entsprechend sparsamer Umgang mit dem kostbaren Nass ist angeraten.

Die Autoren dieses Reiseführers (www.portugal-unterwegs.de) führen eigene Reisen in Zusammenarbeit mit Veranstaltern des **Forum Anders Reisen** durch, das die Nachhaltigkeit durch einen strengen Kriterienkatalog gewährleistet (www. forumandersreisen.de).

Waldreich präsentiert sich die Serra de Monchique. Informationen halten die örtlichen Tourismusämter bereit.

Wellenreiten, Bodyboarden und Kitesurfen

Die besten Spots zum Wellenreiten sind die Strände Quinta do Lago, Vale do Lobo, Falésia (Vilamoura), Albufeira, Centianes (Carvoeiro), Três Irmãos (Alvor), Meia Praia (Lagos), Praia da Luz. Für erfahrene Surfer eignen sich auch die westlichen Regionen mit viel Wind und rauer See. Deswegen tummeln sich in diesem Bereich eher Bodysurfer. Besondere Surferlebnisse versprechen die hohen Brandungen der weiten Strände Arrifana, Bordeira, Amado, Castelejo, Cordama, Beliche, Tonal, Mareta, Zavial. Detaillierte Hinweise finden Sie unter www.lowpressure.co.uk. Schulen listet die Internetseite der Surfvereinigung www.surfingportugal.com unter dem Link *escolas* (nur auf portugiesisch).

Immer beliebter wird das Kitesurfen, bei dem ein Drachensegel *(kite)* den Surfer über das Meer trägt. Die besten Spots liegen an der Westküste und am Strand von Faro. Kurse organisiert Katavento in Faro (www.katavento.net).

Wellness

In den letzten Jahren hat sich die Algarve zu einem Wellness-Paradies entwickelt. Eine traditionelle Oase der Entspannung ist das Heilbad Caldas de Monchique. Das natrium- und fluorhaltige Wasser kann gesundheitliche Beschwerden lindern (www.monchique termas.com).

Entspannung auf höchstem Niveau finden Sie in Spa-Centern. Das Angebot ist zwar nicht gerade preisgünstig, aber vielfältig. Empfehlenswert sind Vale do Lobos Royal Spa (www.valedolobo.com/wellness) und Seven Spa in Vilamoura (www.7-spa.com). Die meisten Luxushotels unterhalten Wellnessbereiche. Vorreiter ist Vila Vita Parc (www.vilavitaparc.com) bei Armação de Pêra. Das benachbarte Blue & Green Vilalara Thalassa Resort (www.blueandgreen.com) bietet u. a. Thalasso-Kuren an, die Körper und Geist wieder ins Gleichgewicht bringen sollen.

Telefon und Internet

Öffentliche Telefone funktionieren meist mit Münzen und Telefonkarten. Sie sind an vielen Zeitschriftenläden erhältlich (50/100/150 Einheiten für 3/6/9 €). Das Telefonieren vom Hotelzimmer aus ist grundsätzlich übertrueur.
Auslandsvorwahlen von Portugal: nach Deutschland 0049, nach Österreich 0043, in die Schweiz 0041, danach die Ortsvorwahl ohne 0, anschließend die Teilnehmernummer, nach Portugal: 00351 plus Teilnehmernummer
Telefonauskunft: 118
Mobil: Probleme mit dem Empfang gibt es nur in wenigen Gebieten im Hügelland. Eine portugiesische Handynummer hat als erste Ziffer die ›9‹.
Internet: In den Bibliotheken und im Espaço Internet der Gemeinden kann bis zu 30 oder 60 Min. kostenlos gesurft werden. Hotspots listet die Seite der Portugal Telecom auf: www.ptwifi.pt.

Verkehrsmittel

Bahn

Die komfortablen Schnellzüge Alfa Pendular und Intercidade verbinden die Algarve und Lissabon in 3–4 Stunden. Innerhalb der Algarve fahren auf der Linie von Vila Real de Santo António nach Lagos nur langsame Regionalzüge. Von Vila Real de Santo António bis

Reiseinfos von A bis Z

Faro verläuft die Strecke wunderschön nahe der Küste, von Faro nach Lagos dann durchs Hinterland. Nachteil hier: Die Bahnhöfe liegen oft außerhalb ohne Busverbindung ins Ortszentrum. Züge nach Osten und Westen fahren von Faro aus etwa siebenmal täglich, die Strecke Faro–Lagos bewältigen sie in knapp 2 Std. Ermäßigungen gibt es für Kinder und über 65-Jährige. Infos unter www.cp.pt (engl.).

Bus

Das Busnetz an der Algarve ist hervorragend ausgebaut. Wichtigste Busgesellschaft ist EVA in Faro, Av. da República, Tel. 289 89 97 30, www.eva-bus.com. Zwischen allen größeren Orten gibt es regelmäßige schnelle Verbindungen. In entlegene Gebiete fahren zwei bis drei Busse täglich. Komfortable Überlandbusse mit TV, WC und Klimaanlage verkehren mehrmals am Tag zwischen Lissabon und der Algarve (Fahrzeit: 3,5–4,5 Std.). Die Verkaufsschalter an den Busbahnhöfen sind normalerweise täglich von 7–20 Uhr (in Faro 6–23 Uhr) besetzt, in den kleineren Orten entsprechen sie den Geschäftsöffnungszeiten.

Zentrumsnahe Busbahnhöfe gibt es in Albufeira, Faro, Lagoa, Lagos, Loulé, Olhão, Quarteira, São Brás de Alportel, Tavira, Vila Real de Santo António. Tickets können auch in den Bussen erworben werden.

Taxi

Taxis sind beige oder grün-schwarz. Die Preise sind vergleichsweise günstig (s. S. 18). In jedem Wagen hängt eine Tarifübersicht aus. Innerhalb der Ortschaften läuft der Taxameter, außerhalb wird pro Kilometer abgerechnet. Nachts, an Wochenenden und für Gepäck wird ein Zuschlag fällig. Tagestouren können gesondert ausgehandelt werden.

Mietwagen

Über das dichteste Netz an Verleihstationen verfügen Europcar und Auto Jardim (Adressen am Flughafen Faro, s. S. 18). Die Altersbeschränkung liegt bei 21 Jahren, der Führerschein muss mindestens ein Jahr alt sein. Die Tarife außerhalb der Hochsaison sind günstig, im Winter kaum mehr als 100 €/Woche. Bei Abholung am Flughafen wird ein Zuschlag von etwa 30 € fällig. Eine Kilometerbegrenzung ist nicht üblich.

Die Kaution beträgt je nach Unternehmen bis zu 1000 € (in bar oder per Kreditkarte. Eine Vollkaskoversicherung mit Ausschluss der Selbstbeteiligung (Super-CDW) ist anzuraten. Meist ist die Anmietung gemeinsam mit dem Flug oder bei Mietwagenbrokern im Internet günstiger, z. B. bei www.autoeurope.de und www.holiday-cars.com.

Straßenverkehr

Das Straßennetz ist eng geknüpft und grundsätzlich in gutem Zustand. Die Nationalstraße EN 125 und die Autobahn A 22 verbinden die Küstenorte. Es gilt Anschnallpflicht und eine Promillegrenze von 0,5. Die Polizei verhängt Geldstrafen selbst bei geringer Überschreitung der Geschwindigkeitsbegrenzungen. Die erlaubten Höchstgeschwindigkeiten betragen 50 km/h innerhalb geschlossener Ortschaften, 90 km/h auf Landstraßen, 100 km/h auf autobahnähnlichen Landstraßen und 120 km/h auf Autobahnen.

Organisierte Touren, Führungen

An *Agências de viagens* (Reisebüros) gibt es keinen Mangel. Sie vermitteln Mietwagen, Flugtickets, Tagesausflüge, Jeep-Safaris, Kurztrips und Bootsausflüge. Außerdem bekommt man dort Tickets für Stierkämpfe und Freizeitparks. Einen ähnlichen Service bieten die Pauschalreiseveranstalter in den Hotels.

Unterwegs in der Algarve

Surfen, Schwimmen, Schnorcheln oder einfach nur Sonnenbaden – wie hier an der Praia da Bordeira an der Westküste –, so wird Urlaub an der Algarve gern buchstabiert. Wanderungen im unberührten Hügelland, ein Spaziergang durch weiße Dörfer oder der Besuch von anregenden Museen bilden weitere Facetten.

Felsalgarve

Sagres ▶ A 6

Wenn Sagres mit 2000 Einwohnern nicht am äußersten Südwestzipfel Europas läge, würde sich kein einziger Reisebus in dieses Straßendorf verirren. In der Ortschaft selbst gibt es keine Sehenswürdigkeiten, dafür in der Umgebung um so mehr (direkt 1 ▶ S. 31).

Übernachten

Chic und günstig – **Mareta View:** Sítio da Mareta, Tel. 282 62 00 00, www.maretaview.com, ab 45 €, Meerblick mit Aufschlag. Modernisiertes Haus mit 17 Zimmern im Zentrum, freundliche helle Farben.

Essen und Trinken

Vom Tantchen – **Vila Velha:** Rua Padrão António Faustino, Tel. 282 62 47 88, ab 13 €. Die Holländerin Lia zaubert hervorragendes Essen auf den Tisch, empfehlenswert ist etwa ›Tante Gabrieles Kaninchen‹.

Fisch, Fisch, Fisch – **A Tasca:** Porto da Baleeira, Tel. 282 62 41 77, Mi zu, ab 12 €. Muscheln und Steine verzieren die Wände, Meeresfrüchte und frischer Fisch kommen auf den Tisch. Schöne Terrasse.

Sport und Aktivitäten

Radfahren und Surfen – **Sagres Natura:** Rua Mestre António Galhardo, Tel. 282 62 40 72, www.sagresnatura.com. Verleih von Fahrrädern und Surfbrettern, Kurse.

Tauchen – **Scubado Dive Center:** Porto da Baleeira, Tel. 282 62 48 21.

Infos

Touristeninformation: Rua Comandante Matoso, o. Nr., Tel. 282 62 48 73, Di–Sa 9.30–12.30, 13.30–17.30 Uhr.
Busse: nach Lagos

Burgau ▶ B 5

Der winzige Ferienort etwa 5 km westlich ist noch relativ unverbaut, die versteckten Strandbuchten in der Umgebung sind außerordentlich reizvoll. Wenig verwunderlich ist also, dass sich eine Art alternative Tourismusszene entwickelt hat.

Übernachten

Liebevoll-schräg – **Casa Grande:** am Ortsrand, Tel. 282 69 74 16, www.nexus-pt.com/casagrande, ab 40 €, auch Suiten für 4 Personen. Großzügige alte Villa, originell eingerichtet und geführt von freundlichen Engländern.

Essen und Trinken

Wie früher – **A Barraca:** Stadtstrand, Tel. 282 69 77 48, Di zu, ab 10 €. Auf langen Holzbänken sitzend, lassen sich Fisch und Meeresfrüchte genießen.

Sport und Aktivitäten

Baden – **Praia Cabanas Velhas** (mit groben Kieseln, viele Angler) und **Boca do Rio** (Sandstrand zwi- ▷ S. 34

1 | Am Ende der alten Welt – Cabo de São Vicente

Karte: ▶ A 6 | **PKW-Rundfahrt:** ab Sagres, s. S. 30

Fast senkrecht fallen die Felsklippen in den Atlantik ab, von tosenden Wellen gepeitscht. Kein Wunder, dass die Antike hier das Ende der bewohnten Welt wähnte, wo sich die Götter nach getaner Arbeit schlafen legten. Gerade bei Sonnenuntergang wird der Besuch am südwestlichsten Zipfel unseres Kontinents zum Erlebnis.

Einem riesigen Schiffsbug gleich ragt das 60 m hohe Felsplateau des **Cabo de São Vicente** 1 in den Atlantik. Die Unendlichkeit des Ozeans und die ungestüme Küste der Westalgarve empfangen Sie. Auch der Meeresboden fällt steil ab, 20 km südwestlich bereits auf 1000 m Tiefe, nach 65 km dann auf 4000 m. Angesichts der kräftigen Atlantikwinde bedecken nur niedrige Büsche, Moose und vereinzelte Blumen den kargen Boden. Auf den Klippen warten Angler geduldig auf ihren Fang. Und wenn sich der Trubel der vielen Ausflugsbusse gelegt hat und die Sonne im Atlantik versinkt, können Sie noch heute vom Ende der Welt träumen.

Göttliche Schlafstätte

Die Römer nannten das mächtige Felsplateau *promontorium sacrum*, heiliges Vorgebirge. Den Sterblichen war der Zutritt nur bei Tage gestattet, um nachts nicht die Götter in ihrer Ruhe zu stören. Bis ins Mittelalter blieb das Kap das Ende der bekannten Welt, um das sich zahlreiche Legenden ranken.

Mozarabischer Pilgerweg

Der Name geht auf den frühchristlichen Märtyrer Vinzenz von Saragossa zurück. Sein Leichnam wurde nach der maurischen Besetzung Spaniens im 8. Jh. hierher in Sicherheit gebracht. Der Legende nach sollen zwei Raben ein Kirchlein mit seinen Überresten bewacht haben. Es

Felsalgarve

war während der arabischen Herrschaft Ziel eines bedeutsamen Pilgerpfads quer durch die Iberische Halbinsel, den bis ins 12. Jh. Christen und Moslems gemeinsam beschritten. In jüngster Zeit erfuhr er eine weltliche Wiederbelebung als Fernwanderweg Via Algarviana (s. S. 7, 25), der in Alcoutim beginnt. Nach der christlichen Rückeroberung Lissabons ließ König Afonso Henriques im Jahr 1173 den Sarg des hl. Vinzenz in die Hauptstadt überführen. Sein Schiff und die beiden Raben als Begleitschutz zieren das dortige Stadtwappen.

Europas lichtstärkster Leuchtturm

Als Schutz vor den Attacken arabischer Piraten wurde im 16. Jh. eine Festung errichtet, die 1846 einen mit Petroleum befeuerten Leuchtturm erhielt. Heute wird das Licht mit einer riesigen 3000-Watt-Birne elektrisch erzeugt und von einer 3,5 m hohen Gürtellinse gebündelt. 90 km weit sind seine Lichtstrahlen zu sehen und sichern so das starke Verkehrsaufkommen von Supertankern zwischen Atlantik und Mittelmeer.

Vila do Infante

An der Straße von Sagres erkennen Sie schon von weitem das weiß gekalkte Fort auf einer Halbinsel, die sich wie ein Finger in den Atlantik schiebt. Damit war die Richtung vorgegeben, in die Heinrich der Seefahrer (1394–1460) seine Männer schickte, auch wenn er selbst kaum der Faszination erlag, sich auf das unbekannte Meer hinaus zu wagen. Nur 1415 soll der damals 21-Jährige ein einziges Mal ein Schiff bestiegen haben, um das nordafrikanische Ceuta zu erobern. 1443 erbat er sich von seinem Bruder, König Pedro, die Erlaubnis für eine Stadtgründung. So entstand in der abgelegenen Gegend die Vila do Infante, das spätere Sagres, wo Heinrich am 13. November 1460 für immer seine Augen schloss.

Steinerne Kommandobrücke

Am Rande seiner Stadt ließ Heinrich die weitläufige **Fortaleza de Sagres** [2] ausbauen. Lange vermutete man hier eine legendäre Seefahrerschule, was jüngste historische Forschungen jedoch in Frage stellen. Allerdings hat Heinrich bedeutende Gelehrte um sich versammelt, um Schiffe, Navigationsinstrumente, astronomische Berechnungen oder Seekarten zu verbessern.

Als weitgehend gesichert gilt, dass die Festung 1587 vom englischen Korsar Sir Francis Drake (1540–96) zerstört und anschließend wieder aufgebaut wurde. Funktion und Alter einer sternförmigen Anordnung von Steinen, die im Jahr 1919 bei Ausgrabungen entdeckt wurde und allgemein als **Windrose** bezeichnet wird, geben dagegen noch immer Rätsel auf. Denn statt der üblichen 32 besitzt sie 42 Unterteilungen. Sanierungsarbeiten in den 1950er-Jahren sollten die Festung im Geist des 15. Jh. wiederherstellen. 40 Jahre später wurde ein Museumsbau errichtet, konzipiert für eine Dauerausstellung zu den portugiesischen Entdeckungsfahrten.

Heinrichs Kapelle bei Vila do Bispo

Heinrich der Seefahrer betete in der **Ermida de Nossa Senhora da Guadalupe** [3] für den guten Ausgang seiner Unternehmungen. Im 14. Jh. erbaut,

> **Übrigens:** Die letzte Bratwurst vor Amerika erhalten Sie am gleichnamigen Verkaufswagen [1]. Und dazu noch ein Zertifikat über Ihren Aufenthalt. Originell und schmackhaft, www.letztebratwurst.com.

1 | Cabo São Vicente

wurde sie im 15. Jh. möglicherweise sogar unter seiner persönlichen Leitung umgebaut. Das Tonnengewölbe über dem Altar und seine die Last aufnehmenden Kapitelle erzählen die Legende der Madonna von Guadalupe.

> **Übrigens:** Einen überwältigenden Blick über die Küste bietet der 156 m hohe Aussichtsturm **Torre de Aspa** 4 westlich von **Vila do Bispo**.

Infos
Fortaleza de Sagres: tgl. 9.30–17.30 Uhr, Mai, Juni, Sept. bis 20, Juli/Aug. bis 21.30 Uhr, 3 €
Ermida de Nossa Senhora da Guadalupe: Di–So 9.30–12.30, 14–17 Uhr, im Sommer ist die Kapelle bis 18 Uhr geöffnet, 2 €.

Die Strände der Costa Vicentina
Traumhaft sind sie – ungelogen. Dank des hohen Wellengangs eignen sie sich bestens zum Surfen, Baden ist allerdings gefährlich und sollte nur an bewachten Strandabschnitten gewagt werden. Eine der schönsten Buchten liegt zu Füßen des Kaps. Die winzige **Praia de Beliche** 1 ist über Stufen im Fels erreichbar.
Grandios steigen die Felsen der naturgeschützten Westküste aus dem Meer. Enge Stichstraßen führen von der N 268 zu verschwiegenen Buchten. Hinter Carrapateira liegt der größte Sandstrand, **Praia da Bordeira** 2. Über die Felsen können Sie zur südlichen **Praia do Amado** 3 wandern, etwas für Romantiker. Ausgangspunkt ist das Restaurant O Sítio do Rio (s. u.). Folgen Sie zunächst dem befestigten Fahrweg aufwärts, bis ein schmaler Weg über dem Meer weiterführt.

Gute Restaurants am Wegesrand
Zwei gastronomische Geheimtipps finden Sie in dem Landstädtchen Vila do Bispo. Das Restaurant **Eira do Mel** 2 an der Straße zur Praia Castelejo bietet eine große Auswahl an Vorspeisen und leckere *cataplanas*, aber auch ein ›besoffenes Kaninchen‹ (Tel. 282 63 90 16, Sa geschl., ab 15 €).
Das **Café Correia** 3 wird gern wegen seiner Meeresfrüchte- und Fischgerichte aufgesucht (Rua 1° Maio. 4, Tel. 282 63 91 27, Sa geschl., ca. 12 €).
Auch der Grillfisch und die Salate des rustikalen **O Sítio do Rio** 4 bei Carrapateira sind beliebt (Tel. 282 97 31 19, mobil 962 37 28 85, tgl., ab 10 €).

Felsalgarve

schen schroffen Klippen). Ausländische Investoren planen den Bau von touristischen Einrichtungen in Meeresnähe.

In der Umgebung
Salema, ca. 6 km westlich, hat in den letzten Jahren eine rege Bautätigkeit entwickelt – zu Lasten der Ortsansicht. Allerdings bieten sich Spaziergänge zu benachbarten Badeständen an.

Luz ▶ B 5

Felsen rahmen den ehemaligen Fischerort mit schönem Sandstrand ein. Die neuen Ferienapartments sind weniger störend. Sehenswert ist der vergoldete Barockalter in der weiß gekalkten Dorfkirche Senhora da Luz. Die Festung schräg gegenüber ist vier Jahrhunderte alt. Unterhalb der Mauern markiert ein hübscher Platz mit Bänken das westliche Ende der Uferpromenade Avenida dos Pescadores, der Flaniermeile der Kleinstadt.

Übernachten
Idyllisch – **Quinta Paraiso da Mia:** Parque da Praia, Tel. 282 78 96 12, www.quintaparaisodamia.com, ab 70 €. 14 schöne Ferienwohnungen, inmitten von Bougainvillea, Hibiskus und Palmen gelegen.

Essen und Trinken
An der Uferpromenade – Hier liegen zahlreiche Fischrestaurants und Bars.

Sport und Aktivitäten
Wassersport – Die feinsandige **Praia da Luz** ist für Kinder geeignet. Verleih von Scootern, Gleitschirmen und Surfbrettern.
Reiten – **Tiffany's Centro Hípico:** Vale Grifo bei Almádena, Tel. 282 69 73 95, www.valegrifo.com.

Lagos ▶ C 5

Die ›weiße Stadt am blauen Meer‹ ist mit 25 000 Einwohnern die heimliche Hauptstadt der Algarve. Schon die Phönizier, Griechen und Karthager bauten die Siedlung zu einem Handelsstützpunkt aus, die Römer verwandelten sie in die blühende Stadt Lacobriga. Unter maurischer Herrschaft wurde Lagos zur uneinnehmbaren Festung. Seefahrerprinz Heinrich rüstete hier seine Schiffe nach Afrika aus, die das Zeitalter der portugiesischen Entdeckungen einläuteten.

In der autofreien Altstadt können Sie flanieren und in Straßencafés ausruhen. Auch für Nachtschwärmer ist Lagos ein gutes Terrain. Hauptsehenswürdigkeit ist die **Igreja de Santo António** [1] (`direkt 2` ▶ S. 36). Auf der mit Wasserspielen aufgepeppten **Praça do Infante** [2] im Süden begegnet man dem berühmten Seefahrerprinzen. Den Sextanten in der Hand, richtet Heinrich seinen Blick aufs Meer. Nach seinem Tod wurde er in der Kirche **Santa Maria** [3], ebenfalls am Platz, beigesetzt, später jedoch in das Nationalheiligtum Batalha in Mittelportugal überführt.

Unter den Arkaden am nordwestlichen Rand des Platzes wurden ab 1444 auf dem ersten **Sklavenmarkt** [4] Europas aus Afrika verschleppte Schwarze verkauft. Und in geringer Entfernung steht vor den Festungsmauern ein Denkmal zu Ehren Gil Eanes. Er wagte 1434 die Umsegelung des Kaps Bojador an der Nordwestküste Afrikas.

Auf der belebten **Praça Gil Eanes** [5] im nördlichen Stadtzentrum erinnert ein kurioses Standbild an Dom Sebastião. Der junge König rief 1578 zu einem Kreuzzug gegen die ›Heiden‹ in Afrika auf. Da sein Leichnam nach verlorener Schlacht verschollen blieb, glaubten viele Portugiesen jahrhundertelang an seine Rückkehr.   ▷ S. 39

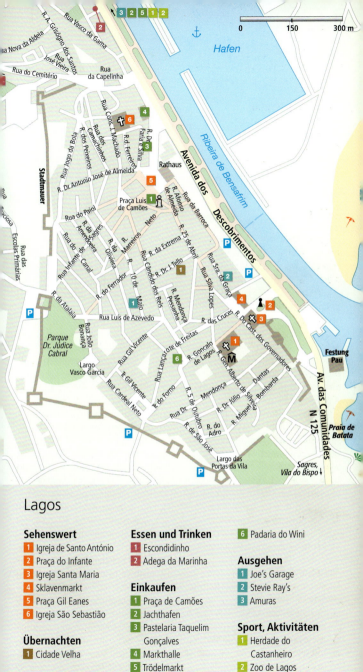

Lagos

Sehenswert
1. Igreja de Santo António
2. Praça do Infante
3. Igreja Santa Maria
4. Sklavenmarkt
5. Praça Gil Eanes
6. Igreja São Sebastião

Übernachten
1. Cidade Velha

Essen und Trinken
1. Escondidinho
2. Adega da Marinha

Einkaufen
1. Praça de Camões
2. Jachthafen
3. Pastelaria Taquelim Gonçalves
4. Markthalle
5. Trödelmarkt
6. Padaria do Wini

Ausgehen
1. Joe's Garage
2. Stevie Ray's
3. Amuras

Sport, Aktivitäten
1. Herdade do Castanheiro
2. Zoo de Lagos

2 | Begehbare Schmuckschatulle – Kirche des hl. Antonius in Lagos

Cityplan: S. 35

Gold, Gold, Gold, dazu weiß-blaue Kachelverzierungen und Gemälde mit den Wundern des hl. Antonius – diese Kirche ist ein Juwel! Selbst barbusige Frauen fehlen nicht, natürlich nur als züchtige Abbildungen. Ein angeschlossenes Heimatkundemuseum glänzt mit volkskundlichen Exponaten.

Bescheiden erhebt sich die **Igreja de Santo António** 1 mit ihrer weiß gekalkten Fassade aus den engen Altstadtgassen. Nur die Verzierungen am Volutengiebel zwischen den beiden Türmen verweisen auf den barocken Stil. Zu Beginn des 18. Jh. wurde die Kirche für die in Lagos stationierten Soldaten errichtet. Erhebliche Schäden hinterließ das Erdbeben von 1755, doch wurde die Kirche nach den ursprünglichen Plänen wieder aufgebaut. Sie ist damit eines der wenigen Gotteshäuser in der Algarve mit einheitlichem Baustil.

Perfektes Understatement
Doch kein direkter Eingang führt mehr hinein, erst müssen Sie einen mittelschweren Hindernislauf zum Kirchenraum absolvieren. Das Eintrittsbillet lösen Sie im angrenzenden städtischen Museum Dr. José Formosinho. Dann lassen Sie römische Mosaike links und ein eisenzeitliches Steingrab samt Skelett rechts liegen, um gleich hinter den Vitrinen mit neolithischen Steinkeilen zur kleinen, seitlichen Kirchentür zu gelangen. Oder wäre es besser zu sagen: zur Pforte des Himmelreichs?

Barocke Pracht
Der Kontrast zwischen innen und außen könnte größer nicht sein. Völlig unvorbereitet betreten Sie ein goldstrotzendes Wunderwerk, dessen Wirkung vom Überraschungseffekt noch verstärkt wirkt. Nahezu vollständig ist der einschiffige Kirchenraum mit vergoldeten Holzschnitzarbeiten überzogen. Die für

2 | Kirche des hl. Antonius in Lagos

> **Übrigens:** Zum Schmunzeln ist die humorvolle Annäherung an den hl. Antonius in einem Gedichtzyklus von Wilhelm Busch. Seine kirchenkritische Satire schlug 1870 hohe Wellen, fiel der Zensur zum Opfer und machte so seinen Autor berühmt (Der heilige Antonius von Padua, Lahr, 2007).

Vom goldenen Hauptaltar schaut der hl. Antonius mit dem Jesuskind auf dem Arm freundlich hinab. Sein Outfit wurde mit einer Offiziersschärpe und einem Kommandostab an militärische Gepflogenheiten angepasst. Und fällt Ihnen noch etwas auf? In dieser Regimentskapelle fehlen die Kirchenbänke, denn die Soldatenpflicht verlangte, auch während des Gottesdienstes strammzustehen!

den portugiesischen Barock so typische *talha dourada* zieht sich bis zur Decke. Dort versucht eine farbenfrohe Trompe-l'œil-Bemalung eine optische Entführung in nicht vorhandene höhere Stockwerke. An zentraler Stelle schwebt ein riesiges portugiesisches Wappen: Unter diesem Zeichen sollten die betenden Soldaten siegen!

Brasilianischer Goldregen

Der Goldschmuck kam nicht von ungefähr, sondern aus der Kolonie Brasilien. Bis zu 25 Tonnen des Edelmetalls wurden Anfang des 18. Jh. jährlich geschürft und ins Mutterland exportiert. Noch in den entlegensten Winkeln Portugals überzieht das Blattgold die Altäre und Kapellen der Gotteshäuser und

Im Zentrum des Hauptaltars steht der heilige Antonius, auf dem Arm trägt er das Jesuskind

Felsalgarve

Adelspaläste. Dem absolutistischen Zeitgeist entsprechend wurden Macht und Reichtum demonstriert und das Lebensgefühl der katholischen Gegenreformation zum Ausdruck gebracht. Pracht und Herrlichkeit inszenierten eine wahrlich himmlische Show, die die Gläubigen mit all ihren Sinnen gefangen nehmen wollte. Jeder Zweifel an der kirchlichen Macht sollte zerstreut und schon hienieden eine Vorahnung auf das himmlische Paradies erzeugt werden. Denn weder oxydiert noch verfärbt sich Gold und es riecht und schmeckt auch nicht. Es widersteht dem Zahn der Zeit und symbolisiert so die Unsterblichkeit im Paradies.

Engel und Fabelwesen

Lassen Sie sich nun nicht länger vom Gold blenden, sondern wenden Sie sich den kunstvollen Holzschnitzereien zu. Barbusige Frauenfiguren stemmen die Last der *talha dourada*. Viele Putten erscheinen mit seltsam erwachsenen Gesichtern oder tragen gar eine Rüstung. Eingerahmt sind sie von schmalen Bordüren, in denen sich zahlreiche Szenen aus dem Alltag zeigen. Schweineschlachten und Fischen, ein angeleinter Hund oder eine Frau, die einen Wasserkrug auf ihrem Kopf balanciert. An anderer Stelle wird's kriegerisch. Ein Moslem wird erdolcht und ein Drache bekämpft.

Die christlichen Tugenden Glaube, Liebe und Hoffnung erscheinen als weibliche Allegorien auf der Unterseite der Empore vor dem Hauptportal. Die Wunder des hl. Antonius sind auf acht Gemälden verewigt, etwa die Predigt vor den Fischen, die Errettung seines Vaters vor dem Galgen oder die Heilung eines abgehackten Fußes.

Ungezügelte Sammelleidenschaft

Um die Kirche herum reihen sich die Ausstellungsräume des Stadtmuseums. Es gibt fast nichts, was nicht gesammelt wurde: frühgeschichtliche Waffen, römische Mosaike, Mineralien und Versteinerungen, afrikanische Masken, Gemälde mit regionalen Motiven, Miniaturen von Fischerbooten und deren unterschiedliche Netze, Geldnoten aus aller Welt sowie die reich mit Gold- und Seidenfäden bestickten Roben der eitlen Pastoren. Eine eingehende Betrachtung lohnt die volkskundliche Abteilung. Ein kleines Modell erklärt beispielsweise die Funktionsweise der von Ochsen oder Maultieren angetriebenen Schöpfbrunnen, die im 12. Jh. von den Arabern in die Algarve eingeführt wurden. Reichlich verrostete Exemplare stehen heute noch auf den Feldern im Landesinneren.

Auch eine traditionelle Maismühle, algarvianische Kamine mit ihren charakteristischen Bordürenmustern, feine Scherenschnitte aus Kork oder filigrane Klöppelarbeiten können bestaunt werden. Und als liebenswerte Miniatur unter Glas: ein algarvianischer Bauernhof mit Schweine- und Hühnerstall, Gemüsebeet, Obstbäumen, Brotofen und Ziehbrunnen.

Infos
Öffnungszeiten: Di–So 9.30–12.30, 14–17 Uhr, 2,60 €

Einkaufstipp
Im Grunde nur ein paar Schritte von der Igreja de Santo António entfernt, bietet die deutsche Bäckerei **Padaria do Wini** [6] (Rua S. Gonçalo 10) deftiges Vollkornbrot und Laugenbrezel sowie Gebäck an, darunter leckeren frischen Mohnkuchen.

In der **Igreja São Sebastião** 6 steht das Holzkreuz, mit dem der glücklose Monarch in den Krieg gezogen war.

Übernachten

Moderne Pension – **Cidade Velha** 1: Rua Dr. Joaquím Tello, 7, Tel. 282 76 20 41, ab 45 €. Zentral gelegen und mit schönem Blick von der obersten Etage.

Essen und Trinken

Versteckt – **Escondidinho** 1: Beco do Cemitério, 2 A, (oberhalb Hotel Tivoli), Tel. 282 76 03 86, So zu, ab 6,50 €. Einfaches Lokal mit Tischen im Freien, auf die gegrillter Fisch kommt.

Voller Leben – **Adega da Marinha** 2: Av. dos Decobrimentos, 35, Tel. 282 76 42 84, ab 6,50 €. Frischer Fisch. In dem hallenartigen Speisesaal herrscht viel Trubel.

Einkaufen

Zahllose Boutiquen und Souvenirläden rund um die **Praça de Camões** 1, edle Einkaufsmöglichkeiten am **Jachthafen** 2.

Süßes – **Pastelaria Taquelim Gonçalves** 3: Rua Portas de Portugal, 27–31. Traditionskonditorei mit *Doce fino* (Marzipan) und Morgados (Mischung aus Eierfäden, Zucker und Mandeln).

Frisches – **Markthalle** 4: Av. dos Decobrimentos, im Erdgeschoss Markt, im Obergeschoss ein Wissenschaftsmuseum!

Allerlei – **Trödelmarkt** 5: 1. Sa im Monat, neben dem Fußballstadion.

Ausgehen

In der Altstadt sind angesagt **Joe's Garage** 1 (Rua 1 de Maio, 78) mit Rockmusik und **Stevie Ray's** 2 (Rua Nossa Senhora da Graça, 9) mit Jazz und Blues. Im Jachthafen treffen sich die Jazz-Freunde im **Amuras** 3 (Centro de Apoio Naútico, 3).

Sport und Aktivitäten

Bootsausflüge – direkt 3 ▶ S. 40

Reiten – **Herdade do Castanheiro** 1: Bensafrim (ca. 11 km nördlich von Lagos), Tel. 282 68 75 02, www.herdade-do-castanheiro.de. Silke Baumgarten organisiert Reiterferien für behinderte und nicht behinderte Kinder.

Nicht nur für Kinder – **Zoo de Lagos** 2: Barão São João (ca. 15 km nordwestlich), www.zoolagos.com, tgl. 10–17, im Sommer bis 19 Uhr. 120 Tier- und 200 Pflanzenarten aus fünf Kontinenten.

Infos und Termine

Touristeninformation: Rua Vasco da Gama (nördliche Ortseinfahrt), Tel. 282 76 30 31, Mo–Fr 9.30–13, 14–17.30, im Sommer Di–Do 9.30–19, Fr–Mo 9.30–13, 14–17.30 Uhr; Praça Marquês de Pombal (Altstadt), Tel. 282 76 41 11, Mo–Fr 10–18, Sa 10–13, im Sommer tgl. 10–18 Uhr.

Parken: kostenloser Parkplatz im westlichen Stadtzentrum ausgeschildert

Bahnhof: hinter dem Jachthafen

Busse: Rossio de São João, zentrumsnah, häufig in alle Küstenorte

Festival dos Descobrimentos: Mai, Gastronomie-Wettbewerbe und Kulturveranstaltungen

Feira Arte Doce: letztes Juliwochenende, Konditoreiwettbewerbe

Alvor ▶ C/D 5

Der kleine Ferienort – die Mauren nannten ihn Albur (Weißer Schimmer) – wirkt noch ein wenig ursprünglich. Vielleicht, weil er nicht direkt am Meer liegt, sondern am Ostufer einer Lagune. Selbstverständlich sind die Bewohner auch hier auf die Bedürfnisse der Touristen eingestellt, doch immerhin verdienen einige Männer ihren Lebensunterhalt noch als Fischer. Das nahe ▷ S. 42

3 | Per Boot in die blauen Grotten – Ponta da Piedade

Karte: ▶ C 5 | **Anfahrt:** PKW-Ausflug ab Lagos

Die felsige Steilküste südlich von Lagos mit ihren Grotten, Höhlen und Felsskulpturen muss man einfach gesehen haben. Das ermöglicht ein Spaziergang oberhalb der Küste oder die Ausfahrt im großen Ausflugsboot. So richtig romantisch wird's aber erst in einer kleinen Fischerbarke.

Ein Zusammenstoß der Afrikanischen Kontinentalplatte mit der Eurasischen war verantwortlich für das Entstehen der Algaveküste. Anschließend fraßen Jahrmillionen der Erosion bizarre Grotten, Höhlen, Bögen in die westlichen Steilfelsen aus Kalk- und Sandsteinschichten. Und heute ist daraus eine der Hauptsehenswürdigkeiten im Süden Europas geworden.

Der Aufbruch

Im historischen Fahrwasser der portugiesischen Seefahrer verlassen die Boote den geschützten Hafen von Lagos. Zunächst geht es vorbei an der **Festung Pau** 1, die seit dem 17. Jh. den Hafen vor Piratenüberfällen schützte. Gleich dahinter erscheint ein kleiner Sandstreifen, der Kartoffelstrand (Praia de Batata) genannt wird. Darüber wacht – gleichsam als himmlischer Hafenbeschützer – der heilige Gonçalo. Der redegewandte Fischerssohn und Augustinermönch soll die ausbleibenden Thunfischschwärme an die Algar-

3 | Ponta da Piedade

veküste zurückgebracht haben, wohlgemerkt, im 14. Jh.

Vorbei an den Felssträndern

Wenig später ist die **Praia do Pinhão** erreicht. Je näher am Meer, desto dunkler erscheinen die gelbfarbenen Sandsteinfelsen. Variantenreich ist ihr Formenspiel. Sehen Sie da nicht auch einen Hut oder einen Bären, vielleicht ein Pferd? Der Bootsführer gibt ganz bestimmt seine Interpretation der von Wind und Wellen geschaffenen Naturschönheiten zum Besten.

Hinter einem kleinen Vorsprung schauen Sie auf die **Praia Dona Ana**. Auf unzähligen Postkarten wurde sie verewigt, denn wunderschön ist das Spiel von Licht und Schatten. Märchenhaft ragen dunkle Felsen aus den Meeresfluten – fast zu schön, um wahr zu sein.

Rötlich schimmern die Felsen am nächsten Strand, **Praia do Camilo**. Zwei kleine Buchten sind durch einen Tunnel verbunden. Da der Strand keinen so berühmten Namen trägt, sind der Sand und das türkisblaue Wasser viel sauberer.

Atemberaubende Felsgebilde

Der Himmel hatte einst Mitleid *(piedade)* mit schiffbrüchigen Fischern und schwemmte sie hier unversehrt an Land. Kaum vorstellbar, aber daher kommt der Name für die **Ponta de Piedade** 2. Fast unwirklich scheinen die Farbnuancen des Meeres, von Türkis bis Violett, von Hell- bis Kobaltblau. Die gelben Sandsteinfelsen scheinen Jahresringe zu tragen. Surreal anmutende Finger, Tore, Bögen, Zacken und Türme ragen aus den Fluten und formen eine atemberaubende Märchenlandschaft. Nur kleine Boote finden ihren Weg in die unscheinbaren Eingänge der Grotten. Je nach Lichteinfall nimmt das Meer im Inneren eine fast smaragdgrüne Färbung an. Fürwahr eine schaukelnde Fahrt in ein Märchenreich, für Kinder und Erwachsene!

Wohnen bei den Grotten

2 km westlich der Ponta da Piedade beeindruckt zunächst der prächtige Garten der **Vivenda Miranda** 1 unter Schweizer Leitung. Das moderne Anwesen über dem Meer zählt 25 geschmackvolle Zimmer, dazu einen Wellnessbereich (Tel. 282 76 32 22, www.vivendamiranda.com, 65–100 €). Mediterran gibt sich die gehobene Wohnanlage **Costa d'Oiro Ambiance Village** 2, 300 m von der Praia D. Ana, auch mit Apartments (Tel. 282 76 02 61, www.sonelhotels.com, 50–130 €).

Essen und Trinken

Feine Fischsuppe und leckeren Grillfisch genießen Sie in der einfachen Taverne **Camilo** 1 über dem gleichnamigen Strand – fast noch ein Geheimtipp (Praia do Camilo, Tel. 282 76 38 45, tgl., ab 8 €).

Ausflug per Fischerbarke ...

Viele **Fischerboote** 1 warten am südlichen Ende der Avenida dos Descobrimentos. Sie können aber auch direkt an der Ponta da Piedade einsteigen. Allerdings nur bei ruhiger See. Stufen führen zur Anlegestelle hinab. Der Preis für eine 20–30-minütige Fahrt beträgt ca. 15 €/Pers.

... und per Segelschiff

Bom Dia 2 : Marina de Lagos, Loja 10, Tel. 282 76 46 70, www.bomdia-boattrips.com, ca. 25 €. Zweistündiger Segeltörn rund um die Ponta da Piedade, Start an der Marina, mit Beibooten geht es in die Grotten.

Felsalgarve

Haff bietet vielen Wasservögeln einen Lebensraum. Es trennt Alvor vom breiten Sandstrand. Die modernisierte Uferpromenade und der überschaubare Hafenbereich wurden mit ihren Snack-Lokalen und Kiosken zur Flaniermeile.

Die **Pfarrkirche** zählt zu den interessantesten Gotteshäusern Südportugals. Die Träume der Seefahrernation drücken sich in steinernen Knoten, Schiffstauen und stilisierten Schlingpflanzen des manuelinischen Portals aus. Den Innenraum schmücken Azulejos aus dem 18. Jh. Den hübschen Dorfplatz Praça da República zieren die Kapelle **Santa Casa de Misericórdia** und ein kleines **Museum zum Alltagsleben** der Fischer (unregelmäßig geöffnet).

Essen und Trinken
Einfach preisverdächtig – **Zé Morgadinho:** am alten Fischmarkt, Tel. 282 45 91 44, ab 8 €. Einfache algarvianische Küche, auch Meeresfrüchte, in einer uralten Taverne.

Sport und Aktivitäten
Baden und Tauchen – An der **Praia do Vau** sind Luft und Wasser sehr jodhaltig, die **Praia Três Irmãos** machen Felsskulpturen zu einem der herausragenden Algarve-Strände auch für Taucher.
Fliegen – **Skyzone:** Tel. 282 49 59 26, www.skyzone.pt, Rundflüge vom Sportflughafen Alvor.
Wandern – Wanderwege führen durch das Haff- und Küstengebiet. Infos bei der Touristeninformation.

Infos
Touristeninformation: Rua Dr. Afonso Costa, 51, Tel. 282 45 75 40, Mo–Fr 9.30–13, 14–17.30 Uhr

In der Umgebung
Etwa 10 km nördlich wurde bei **Alcalar** ein 6000 Jahre altes neolithisches Gräberfeld entdeckt. Zu sehen sind Menhire, Dolmen und linienförmig aufgereihte heilige Steine (Di–So 10.30–16.30, Hochsommer 10–18 Uhr, 2,50 €).

Portimão ▶ D 5, Cityplan S. 45

Die mit 40 000 Einwohnern zweitgrößte Stadt der Algarve ist seit römischen Zeiten (damals Portus Magnus) ein Handelszentrum, auch wenn die große Zeit als ›Sardinenhauptstadt‹ vergangen ist (**direkt 4** ▶ S. 43). Buntes Treiben herrscht in den schmalen, verkehrsberuhigten Straßen. Anmutig sind die mit Azulejos geschmückten Bänke auf dem **Largo 1° Dezembro.** Sie zeigen Szenen aus der portugiesischen Geschichte. Jüngste Errungenschaft ist das Kulturzentrum **Casa Teixeira Gomes** an der Südseite mit wechselnden Ausstellungen (Mo–Sa 10–19 Uhr) und die neu gestaltete Hafenpromenade.

Essen und Trinken
Im Fischerviertel – **Casa Balau** [1]: Largo da Barca, 10, Tel. 282 41 88 54, tgl., ab 6 €. Tasca im Hafenviertel mit Terrasse, einfach, aber schmackhaft. Spezialität des Hauses sind gegrillte Sardinen. Weitere Restaurants am Platz.

Einkaufen
Einkaufsstraßen – In der **Rua Vasco da Gama** und **Rua do Comércio** gibt es ein reichhaltiges Angebot an Schuhen, Taschen, Mode, Kunsthandwerk.

Sport und Aktivitäten
Motorsport – **Autódromo Internacional:** Aldeamento da Bemposta (nördlich), s. S. 24

Infos und Termine
Touristeninformation: Av. Zeca Afonso, 33 , Tel. 282 47 07 17, ▷ S. 46

4 | Wie der Fisch in die Konserve kam – Museu de Portimão

Cityplan: S. 45 | **Lage:** am Südrand von Portimão

Museumsmuffel aufgepasst! Sie müssen keine verstaubten Vitrinen oder langweiligen Texte befürchten. Stattdessen können Sie beispielsweise eine Enthauptungshalle besuchen. Aber keine Angst, geköpft wird hier nichts und niemand mehr, doch lässt sich anhand alter Maschinen der Weg der Sardine in die Konserve verfolgen.

Das erst 2008 eröffnete **Museu de Portimão** 1 wurde vom Europarat bereits mit der Auszeichnung ›Museum des Jahres 2010‹ geadelt – und das vollkommen zurecht! Exemplarisch werden regionale Highlights der letzten 5000 Jahre gezeigt. Dabei gehen die Besucher dem Rio Arade, der städtischen Lebensader, auf den Grund. Und sie erfahren alles über die Sardinenverarbeitung und noch ein wenig über 5000 Jahre Geschichte rund um Portimão.

Nahezu 60 Fabriken, in denen Konserven hergestellt wurden, brachten in der ersten Hälfte des 20. Jh. Arbeit und Wohlstand in die Hafenstadt. Nur eine einzige überlebte allerdings die Öffnung der europäischen Märkte, zu erdrückend war die Konkurrenz aus Spanien und Marokko. Auch davon erzählt die Ausstellung in den verlassenen Werkshallen.

Hinein in die Fabrik …
Sobald Sie die Fabrik betreten, hören Sie Dampfmaschinen pfeifen, Sirenen aufheulen und Körbe klappern. Die typischen Fabrikgeräusche lassen keinen Zweifel an der früheren Nutzung der sich auf einer Fläche von 5000 m² ausdehnenden Museumsräume. Drei thematische Wege führen hindurch. Der interessanteste folgt dem Schicksal der Sardinen. Aus den Netzen des Kutters gelangten sie zur Fischauktion und in Holzbehältern in die Fabriken.

Felsalgarve

…und in die Kopf-ab-Halle

Die Arbeiterinnen mussten in rutschfesten Holzschuhen dem Sirenenruf folgen. Schnell noch die Stechkarte abgestempelt und los ging der knochenharte Job! In Drahtgehängen schwebten die Fischkörbe in die sogenannte Kopf-ab-Halle und wurden über den langen Arbeitstischen ausgekippt. Mit einem scharfen Messer in der rechten Hand trennten die Frauen den Fischkopf vom Rumpf, die Linke entfernte mit einer Pinzette die Eingeweide und Gräten. Anschließend wurden die essbaren Teile durch eine Salzlake gezogen, auf einen Metallrost gespießt und in einer maschinellen Waschanlage abgebraust. All diese Arbeitsgänge werden an Originalschauplätzen mit Gipsfiguren nachgestellt.

Männer- und Frauenarbeiten

In der Nachbarhalle wurden die ausgenommenen Sardinen in einem kolossalen Dampfofen gegart. Die jeweiligen Tätigkeiten waren unter dem Oberbegriff *artes*, eigentlich: Künste, zusammengefasst. Die einzelnen Arbeitsschritte werden am Eingang der Halle auf einer Tafel erläutert. *Artes de cheio* bedeutete das Präparieren des Fisches und das Füllen der Konservendose, denn *cheio* heißt voll. Hierfür waren ausschließlich Frauen zuständig. Die vorgelagerten *artes de vazio* erledigten die Männer. Sie produzierten und bedruckten die Blechdosen (*vazio* = leer). Auf einem historischen Foto sind allerdings auch einzelne weibliche Druckerinnen zu sehen. Sie arbeiteten unbefugt auf Männerarbeitsplätzen!

Von der Maschinenstürmerei zur Kinderkrippe

Interessante Details aus dem Fabrikalltag erfahren Sie auf dem weiteren Rundgang – beispielsweise dass auch in Zeiten des modernen Dampfgarens nicht die althergebrachte Methode vergessen wurde, den Fisch durch Einsalzen haltbar zu machen. Auf diese Weise wurden die kleineren Sardellen im Winter konserviert. Die Fässer waren mit mächtigen Steinen beschwert. Die Sardinenschwärme blieben während der drei- bis viermonatigen Schonzeit unangetastet und konnten sich regenerieren.

Nur die geschicktesten Arbeiterinnen durften Olivenöl oder eine würzige Soße in die fertig bestückte Fischdose gießen, damit bloß kein Tropfen verloren ging. Die Elite der Arbeiterschaft bildeten die Schweißer, die mit Blei den Deckel festlöteten. Etwa 100 Stück schafften sie in einer Stunde. Der Lohn war gut. Zu Beginn des 20. Jh. allerdings drohte ihnen Ungemach durch neue Maschinen, die zehnmal schneller waren. Gegen die Einführung tobten wilde Streiks und Zerstörungswut. Doch auch dieses Rad der technischen Entwicklung ließ sich nicht mehr zurückdrehen.

Andererseits trieb die massenhafte Beschäftigung von Industriearbeiterinnen den sozialen Fortschritt voran. Eine der ersten Kinderkrippen der Stadt wurde in dieser Fabrik eingerichtet. Denn ohne Kinderbetreuung keine Frauenarbeit – dieser Satz gilt nicht erst seit heute.

Übrigens: Der im Museum gezeigte historische Film »O Jogo da Sardinha« (Das Spiel der Sardine) zeigt die fleißigen Arbeiterhände in Aktion, vom sanften Berühren der Finger beim Liebesspiel bis zum Ausnehmen der Sardinen. Glorifizierend im Sinne der portugiesischen Diktatur, aber irgendwie auch anrührend.

4 | Museu de Portimão

Spannende Alltagsgeschichte und ungewöhnliche Fundorte

Viele der archäologischen Funde wurden auf dem Grund des Flusses Arade entdeckt. Die geheimnisvollen Unterwasserwelten werden in der früheren Fabrikzisterne effektvoll simuliert. Auf schwankenden Planken gelangen Sie trockenen Fußes hindurch und zur Ausstellung zurück. Dort können die Besucher 5000 Jahre regionaler Geschichte durchschreiten, die nicht minder fantasievoll präsentiert wird. Von steinzeitlichen Rundgräbern, römischen Dachziegeln und Mosaiken, arabischem Kompostmüll und der weltweiten Vermarktung der Sardinenbüchsen ist die Rede. Und natürlich auch von den Werften Portimãos und ihrer langen Tradition.

Das Bauholz wurde im nahen Monchique-Gebirge geschlagen, für besonders hohe Qualität im Januar bei Neumond. An Schiffsmodellen werden die einzelnen Arbeitsschritte veranschaulicht, in einem urtümlichen Werkzeugkasten sind die Arbeitsutensilien ausgestellt. Zahlreiche Berufsgruppen waren im Schiffsbau tätig. Seiler drehten die Schiffstaue, Metallschmiede gossen die Schiffsschrauben, in Korkfabriken entstanden die Bojen für die Fischernetze. Eine erst vor wenigen Jahrzehnten entschwundene Arbeitswelt feiert in diesem Museum ihre Rückkehr – und dies mit Bravour!

Infos

Museu de Portimão 1: Rua D. Carlos I, Di 14.30–18, Mi–So 10–18 Uhr, im Hochsommer Di 19.30–23, Mi–So 15–23 Uhr, 3 €. Ein anschauliches Faltblatt führt durch die Säle. Im angeschlossenen Dokumentationszentrum kann zudem kostenlos im Internet gesurft werden.

Mit Blick auf den Fluss

Über die Uferpromenade gelangen Sie zu dem bereits 1922 gegründeten **Traditionscafé Casa Inglesa** 2 an der Praça Manuel Teixeira Gomes 2. Neben gutem Gebäck lockt die Terrasse auf einem verkehrsberuhigten Platz.

Auf den Spuren der Fischereiflotte

Die nostalgische **Segelkaravelle Santa Bernarda** 1 legt am ehemaligen Sardinenkai ab und schippert Richtung Carvoeiro. Mitgeschleppte Ausflugsboote fahren in die Grotten, auf dem Programm steht auch Sardinengrillen (Rua Júdice Fialho, 4, Tel. 282 42 27 91, www.santa-bernarda.com).

Felsalgarve

www.visitportimao.com, Mo–Fr 9–12, 14–17.30 Uhr
Parken: Largo do Dique südlich der Brücke (kostenpflichtig)
Bus und Zug: Beste Verbindungen. Busse halten am Largo do Dique, Züge am nördlichen Stadtrand.
Powerboat F1: Anfang Mai. Formel 1 der Sportboote
Festival da Sardinha: Anfang/Mitte Aug. Gegrillte Sardinen, Fischspezialitäten, großes Kulturprogramm

Praia da Rocha ▶ D 5

Der fantastische Sandstrand, kilometerlang und mit Felskulisse, entschädigt ein wenig für die scheußlichen Hochhäuser an der Uferpromenade. Das einst mondäne Seebad hat seinen Charme verloren, seit die Jugendstilvillen entweder abgerissen oder von zeitgenössischen Betonklötzen umzingelt wurden. Heute bestimmen die Nachtschwärmer Leben und Lautstärke am ›Felsenstrand‹.

Übernachten
Fein – **Vila Lido:** Av. Tomás Cabreira, o. Nr., Tel. 282 42 41 27, www.hotelvilalido.com, Dez.–Feb. geschl., ab 70 €. Ein Patrizierhaus mit 10 Zimmern, alle mit Meerblick, viele mit eigener Terrasse.

Essen und Trinken
Strandküche – **Mar e Sol:** Areal da Praia (am Strand in der Nähe der Festung Santa Catarina), Tel. 282 43 11 22, tgl., ab 9 €. Auf einer schönen Terrasse wird hier frischer Fisch serviert.

Ausgehen
Spiel und Shows – **Casino:** Av. Tomás Cabreira, tgl. 16–3 Uhr.
Party – Die Sasha Summer Session mit nächtlichen Techno- und Housepartys am Strand gibt es im August.

Sport und Aktivitäten
Baden – Der Stadtstrand mit den Felsskulpturen stößt westlich an die wunderschöne Praia da Prainha.

Infos
Touristeninformation: Av. Tomás Cabreira (am Strand), Tel. 282 41 91 32, tgl. 9.30–17.30 Uhr, im Sommer länger

Ferragudo ▶ D 5

Noch bietet das malerische Küstendorf mit ca. 2000 Einwohnern ein Kontrastprogramm zu den Hochhaustürmen auf der gegenüberliegenden Seites des Flusses. Allerdings wird auch hier inzwischen (zu) viel gebaut. Zudem ist ein überdimensionierter Jachthafen geplant. Kopfsteingepflasterte Gässchen mit niedrigen Fischerhäusern, ein paar Cafés und in der Sonne dösende Hunde prägen aber weiterhin den engen Ortskern. Eine Burg (Privatbesitz) verleiht dem Strand eine gewisse Anmut.

Übernachten
Ruhig – **Casabela:** Praia Grande (3 km vom Ortszentrum), Tel. 282 49 06 50, www.hotel-casabela.com, ab 131 €, Meerblick gegen Zuschlag. Ruhiges Haus unter deutscher Leitung, mit direktem Strandzugang.

Essen und Trinken
Das Beste vor Ort – **Sueste:** Rua da Ribeira, 91 (am Flussufer), tgl., ab 9 €. Frischer Fisch und ein angenehmes Ambiente.

Sport und Aktivitäten
Baden und Surfen – Die Wasserqualität an der Flussmündung ist nicht die Beste, an den Stränden Richtung Carvoeiro dagegen in Ordnung. Gesurft wird an der Praia Grande.

Fast könnte man meinen, Carvoeiro sei noch immer ein idyllisches Fischerdorf

Carvoeiro ▶ D 5

Noch vor gar nicht so langer Zeit ließ sich ohne jede Einschränkung behaupten: ein wunderhübsches Küstendorf. Hier verbrachten die reichen Lissabonner gern ihre Ferien. Das Ortszentrum liegt in einem engen Tal und mündet in einen kleinen Hausstrand mit bunten Fischerbooten. Weiße Häuser ziehen sich die steilen Felsen hoch. Doch das Dorf blieb Deutschen, Holländern und Engländern nicht verborgen. Sie bevölkern den Ort inzwischen das ganze Jahr über. Dennoch hat sich Carvoeiro ein wenig von seinem alten Charme erhalten können. Das touristische Angebot ist riesig und Deutsch keine Fremdsprache. In der nahen Umgebung verstecken sich nicht nur mehr oder weniger große Betonbauten, sondern auch einige der schönsten Strände der Algarve.

Algar Seco am östlichen Ortsrand birgt eine geheimnisvolle Welt aus grünblau schimmernden Grotten und bizarren Felshöhlen. Treppen führen nahe der Ferienanlage Parque Algar Seco hinab.

Übernachten

Meerblick – **Tivoli Carvoeiro:** Vale Covo, Tel. 282 35 11 00, Fax 282 35 13 45, www.tivolihotels.com, 60–300 €. Modernes Komforthotel mit 289 Zimmern über dem Meer.

Strandblick – **Casa Luiz:** Rampa N. Sra. da Encarnação, Tel. 282 35 40 58, www.casaluiz.com, ab 40 €. 4 großzügige Zimmer und Apartments über dem Stadtstrand.

Essen und Trinken

Urig – **Marisqueira:** Estrada do Farol, 95, Tel. 282 35 86 95, So zu, um 10 €. Das winzige Lokal serviert Fisch und Fleisch gut gegrillt.

Felsalgarve

Etwas abseits – **A Palmeira:** Rua do Cerro (oberhalb der Markthalle), Tel. 282 35 77 39, So und mittags geschl., ab 8,50 €. Fisch, Reis mit Meeresfrüchten und eine köstliche *cataplana*. Das Ganze liegt abseits der Touristenwege, ist dafür allerdings auch wenig anheimelnd.

Sport und Aktivitäten
Baden – **Praia da Marinha,** ca. 5 km östlich zählt zu den schönsten Stränden der Algarve, dem die **Praia de Benagil** kaum nachsteht. An der **Praia da Albandeira** gibt es oft heftige Wellen. Ein Höhlendurchgang führt zu einer einsamen Bucht – sehr pittoresk. Der **Dorfstrand** ist nicht so toll, der **Paraíso-Strand** westlich eine gute Alternative.
Tauchen – Es gibt zwei Tauchschulen. **Divers Cove:** Tel. 282 35 65 94, www.diverscove.de, deutschsprachig; **Tivoli Dive Center:** Tel. 282 35 11 94, www.tivoli-diving.com.
Grottenfahrten – Fischer am Strand bieten Fahrten an.
Freizeitpark – **slide & splash:** EN 125, Vale de Deus (zwischen Estômbar und Lagoa), www.slidesplash.com. Gigantische Badelandschaften mit Riesenrutschen.

Ausgehen
Bars gibt es im ganzen Stadtgebiet. Wer am Strand tanzen möchte, geht in den **Bote Dance Club** (www.botedanceclub.com, Mi–Sa in der Saison 23–6 Uhr).

Infos
Touristeninformation: Largo da Praia, Tel. 282 35 77 28, Mo–Fr 9.30–13, 14–17.30 Uhr, im Hochsommer teilweise länger
Busse: regelmäßig nach Lagoa, von dort in alle Küstenorte

In der Umgebung
Die Bezirkshauptstadt **Lagoa,** die an der N 125 liegt, bietet wenig Aufregendes. Im Zentrum sieht man einige alte Häuser und Kachelbilder sowie eine Pfarrkirche mit Barockfassade. Der schöne Vorplatz erstrahlt im Mai und Juni unter den blauen Blüten der Jacaranda-Bäume. Die zweite Augusthälfte steht alljährlich ganz im Zeichen der **Fatacil:** Auf der größten Messe für regionale Erzeugnisse präsentieren ca. 800 Aussteller ihre Produkte, unter ihnen viele Handwerker; begleitet von einem breiten Kulturprogramm.

Armação de Pêra ▶ E 5

Der ehemalige Fischerort ist mit seinen hässlichen Hochhäusern ein Paradebeispiel für Bausünden des 20. Jh. Allerdings bewirken die touristische Infrastruktur und der schöne Stadtstrand, dass sich Armação de Pêra (4000 Einw.) trotz ästhetischer Nachteile anhaltender Beliebtheit erfreut. Die Uferpromenade ist sogar recht hübsch und führt zu den Resten einer kleinen Festung. Dort lässt ein sympathisch normal gebliebenes Fischerviertel die Betonburgen fast vergessen.

32 m hoch auf einem Felsen über dem Meer etwas westlich steht die malerische Kapelle **Ermida da Nossa Senhora da Rocha,** deren Ursprung auf einen westgotischen Sakralbau aus dem 7. Jh. zurückgeht. Die Felsenmadonna ist die Schutzheilige der Fischer, vor ihrem Bildnis im offenen Altarraum beten zahlreiche Gläubige.

Übernachten
Zum Verwöhnen – **Vila Vita Parc:** Alporchinhos, 2 km westlich, Tel. 282 31 01 00, www.vilavitaparc.com, ab 270 €. Annehmlichkeiten auf höchstem

Niveau, mit Gesundheits- und Schönheitszentrum.
Erstes Haus – **Garbe:** Av. Marginal, Tel. 282 32 02 60, Fax 282 31 50 87, www.hotelgarbe.com, ab 50 €. 1962 als erstes Großhotel vor Ort gebaut, damals noch einsam am Strand.

Essen und Trinken
Reichhaltig – **Zé Leitero:** Rua Portas do Mar, 15 (nahe Festung), Mo geschl. Einfache Fischerkneipe, fast immer voll. Der Teller wird für 10 € so lange mit Fischen gefüllt, bis der Gast satt ist.
Am Strand – **Palhota Café:** Rua da Praia da Palhota (hinter der Festung), tgl. Modernes Café, mit Snacks.

Sport und Aktivitäten
Baden – Die **Praia da Armação de Pêra** ist ein breiter Sandstrand. Östlich folgen **Praia Grande** und **Praia dos Salgados** (ideal für Kinder). Die **Praia da Senhora da Rocha** liegt westlich.
Plantschen – **Aqualand:** EN 125, Alcantarilha (4 km nördl.), www.aqualand.pt, Mai–Sept. tgl. 10–18 Uhr, Anlage mit Wasserrutschen.

Ausgehen
Zahlreiche Bars reihen sich in der Rua Dr. J. dos Santos und der Rua Dr. Manuel Arriaga nördlich der Festung aneinander.

Infos und Termine
Touristeninformation: Av. Marginal, Tel. 282 31 21 45, tgl. 9.30-17, im Sommer bis 19 Uhr
FIESA: Mitte Mai–Okt., Alcantarilha. Riesige Sandskulpturen erfreuen Groß und Klein.

In der Umgebung
Guia an der EN 125 auf dem Weg nach Albufeira bildet das Zentrum des ›scharfen Hähnchens‹ *frango piri-piri*, dessen Haut vor dem Grillen mit Chilischoten- Öl eingerieben wird. Die meisten Restaurants sind riesig groß. Empfehlenswert u. a. **O Teodosio** (Estrada Algoz) und **Ramires** (Rua 25 de Abril).

Albufeira ▶ F 5, Cityplan S. 50

Ein großer Teil der Altstadt ist Flaniermeile mit unzähligen Straßencafés, Restaurants, Boutiquen und Straßenverkäufern. Im Juli und August verdreifacht sich die Einwohnerzahl auf fast 60 000. Wenn Sie mitten hinein ins Nachtleben möchten, sind Sie in Albufeira richtig. Im anderen Fall machen Sie lieber einen Bogen um die Stadt.

Nach Sonnenuntergang schiebt sich die Prozession der Nachtschwärmer über den zentralen Largo Engenheiro Duarte Pacheco und durch die umliegenden Gassen. In den aufgepeppten ehemaligen Fischerspelunken sind fast ausschließlich englische, holländische und deutsche Wörter zu vernehmen. Das gleiche gilt für die östlichen Stadtteile Montechoro und Areias de São João mit ihren Bettenburgen und der längsten Partymeile der Algarve (s. S. 52).

Ruhig geblieben ist das Plateau über dem Standstrand mit grandiosem Blick auf die Buchten. Von oben führt die Rua da Bateria nach Osten zum **Alten Rathaus** 1 und dem städtischen Wahrzeichen, einem 28 m hohen Glockenturm aus dem 19. Jh. Hier hat sich das ehemalige Fischerörtchen – die Mauren nannten es Al-Buhera, Burg über dem Meer – seinen Charme bewahren können. Wieder unten finden Sie am früheren **Fischmarkt** 2 nurmehr Souvenirverkäufer, Cafés und Restaurants. Die bunten Fischerboote von einst sind verschwunden.

Auf der entgegengesetzten Seite des Fischerstrandes bringt Sie eine lange Rolltreppe bequem zum schönsten Aussichtspunkt an der Rua S. Cabral, von

Albufeira

Sehenswert
1 Altes Rathaus / Museu Municipal de Arqueologia
2 Fischmarkt
3 Capela da Misericórdia
4 Igreja und Museu de São Sebastião

Übernachten
1 Vila Joya
2 Villa São Vicente
3 Dianamar

Essen und Trinken
1 O Pic Nic
2 Tasca do Viegas
3 O Manjar

dem aus die Postkartenbilder von Albufeira geschossen werden.

Museu Municipal de Arqueologia 1
Di–So 10.30–16.30, Juli–Sept. 14–20 Uhr, Eintritt frei
Das archäologische Museum im Alten Rathaus an der Praça da República zeigt regionale Funde von der Prähistorie bis ins 17. Jh., etwa römische Ohrringe, eine maurische Schere und einen westgotischen Weinbecher aus Steingut.

Capela da Misericórdia 3
unregelmäßig geöffnet
Die Kapelle mit gotischem Portal wurde ab 1499 auf den Ruinen einer Moschee erbaut. In der Umgebung gibt es noch Überreste der alten Stadtbefestigung.

Igreja und Museu de São Sebastião 4
Mo–Sa 10–12, 15–17 Uhr, Eintritt Kirche frei, Museum 1 €
Die kleine Kirche mit barockem Haupt- und manuelinischem Seitenportal bietet eine Ausstellung sakraler Kunst aus früheren Jahrhunderten.

Übernachten
Märchenhafter Luxus – **Vila Joya** 1: Praia da Galé, Tel. 289 59 17 95, www.vilajoya.de, ab 270 €. Das maurisch inspirierte Gästehaus liegt ca. 5 km westlich zwischen Palmen, Zypressen und

Albufeira

Agaven auf einem Felsen über dem Strand. Das Restaurant gilt als eines der besten in ganz Portugal.
Mit Blick – **Villa São Vicente** 2 : Largo Jacinta D'Ayet, Tel. 289 58 37 00, www.sao-vicente-hotel.com, ab 50 €. Angenehmes Haus mit 25 Zimmern, viele mit Meerblick.
Gemütlich – **Dianamar** 3 : Rua Latino Coelho, 36, Tel. 289 58 78 01, www.dianamar.com, 50–70 €, im Winter geschl. Gerade im Hochsommer preisgünstige Pension unter schwedischer Leitung, mit schöner Dachterrasse.

Essen und Trinken

Unzählige Restaurants wetteifern um die Gunst hungriger Touristen. Wirklich ›ursprüngliche‹ Lokale gibt es leider nicht, aber zumindest einige empfehlenswerte Restaurants.
Am Strand – **O Pic Nic** 1 : Praia do Castelo (westlich), Tel. 289 59 18 44, Gerichte ab 12 €. Wunderschön ist die Lage des hölzernen Strandhäuschens über dem Meer. Serviert wird vor allem gegrillter Fisch.
Frischer Fisch – **Tasca do Viegas** 2 : Largo Cais Herculano, 2 (alter Fischmarkt), Tel. 289 51 40 87, So geschl., ab 11 €. Auch hier speisen überwiegend Urlauber, aber es wirkt noch portugiesisch. Schwerpunkt ist gegrillter Fisch.
Auch Eintöpfe – **O Manjar** 3 : Rua do M.F.A., 17, Tel. 289 58 89 08, So geschl. Grill- und Eintopfgerichte gibt es ab etwa 8 €. Jenseits der üblichen Touristenmeile.

Einkaufen

Albufeira ist ein einziger Souvenirladen mit häufig überhöhten Preisen.

Ausgehen

Viele Bars gibt es in der Altstadt, doch das Zentrum des Nachtlebens bleibt der Strip (direkt 5 S. 52).

Sport und Aktivitäten

Auf dem Meer – Im Jachthafen werden diverse Sportmöglichkeiten angeboten, u.a. Hochseefischen (www.algarveseafishing.com) und Delfinbeobachtung (www.dolphins.pt).
Baden – Attraktiv sind die zwischen Felsen gelegenen Badebuchten **São Rafael**, **Coelho** und **Castelo** im Westen sowie der lange Sandstrand von **Galé**. Eher mäßig ist die Wasserqualität an den Stadtstränden. Nach Osten finden Sie hübsche Küstenabschnitte an der **Praia da Oura** und **Praia Maria Luisa**.
Tauchen – **Indigo Divers**: Rua Alexandre Herculano, 16, Areias do São João, Tel. 289 58 70 13, www.indigo-divers.pt.
Vergnügungsparks – **Zoomarine**: EN 125, km 65, Guia, www.zoomarine.com, tgl. 10–18, im Winter nur bis 17, im Hochsommer bis 19 Uhr. Freizeit- und Tierpark, u.a. Schwimmen mit Delfinen. **Krazy World**: Estrada Algoz, Messines, www.krazyworld.com, tgl. 10–18, Aug. bis 19 Uhr. Origineller Tierpark mit Kinderunterhaltung.

Infos und Termine

Touristeninformation: Rua 5 de Outubro, Tel. 289 58 52 79, tgl. 9.30–13, 14–17.30 Uhr.
Auto: Es gibt einige Parkplätze am Stadtrand, z. B. Av. da Liberdade.
Züge: Bahnhof 6 km nördlich.
Busse: Estrada Alto dos Caliços (nördl. Stadtrand) mit guten Verbindungen.
Festa da Nossa Senhora da Orada: 14. August, Prozession zu Ehren der Schutzheiligen der Fischer, mit großem Feuerwerk.

In der Umgebung

Die Burgruine bei **Paderne**, etwa 12 km nördlich von Albufeira, stammt aus arabischen Zeiten. Unterhalb ▷ S. 54

5 | Auf dem Strip – Nightlife in Albufeira

Cityplan: S. 53 | **Lage:** östlicher Stadtstrand von Albufeira

Wer Fun und Action sucht, fährt nach Albufeira. Und findet beides konzentriert auf dem Strip am östlichen Stadtrand. Da ist für jeden Geschmack das Richtige dabei. Die hipste Amüsiermeile der Algarve hat sogar schon vormittags geöffnet. Richtig los geht's aber erst nach 22 Uhr.

Strip – das klingt natürlich irgendwie anrüchig, doch ist diese Partyzone in Wirklichkeit ganz züchtig. Obwohl, ein richtiges Striplokal gibt es auch, ganz versteckt im hintersten Winkel. Es ist einfach so, dass sich die Avenida Sá Carneira wie ein Band (engl. *strip*) durch die östliche Vorstadt schneidet.

Zu Beginn ein Highlight

Gleich am Anfang der Nightlife-Meile stoßen Sie schon auf die vielleicht angesagteste *location*. Fußballprofis und Showgrößen finden sich gerne zu den sommerlichen Partys im **Liberto's** 1 ein. Indische Gottheiten und der braunrote Farbton sorgen für exotische Inspiration. Im Freien wird gegrillt und im Pool geplantscht. Nach Mitternacht treten die DJ's in Aktion und bedienen ganz unterschiedliche Musikgeschmäcker, von House über Latino bis Rock (Wochenende und tgl. in der Saison).

Von außen wirkt sie gar nicht so, aber auch die **Garage** 2 schräg gegenüber gehört zu den großen Etablissements. Bis zu 300 meist junge Leute tummeln sich zu aktuellem Pop und Rock auf der Tanzfläche. Immerhin öffnet das Lokal schon um 20 Uhr (im Sommer tgl. sogar ab 17 Uhr), die Getränkepreise sind zivil und die Happy Hour dauert bis 22 Uhr.

Bier- und Cocktailbars

Hinter dem Hotel Aldeia gehört **La Bamba** 3 zu den angesagten Cocktailbars. Groß, tanzfreudiges Publikum;

5 | Nightlife in Albufeira

Übrigens: Freitagabends finden zwischen Mai und Oktober in der Arena gleich um die Ecke Stierkämpfe statt (Av. dos Descobrimentos, Areias São João, www.pracatoirosalbufeira.com).

die DJ's legen Oldies und aktuelle Hits aus der englischen Top Ten auf. Auch Karaoke wird gesungen. Geöffnet wird um 9 Uhr in der Früh, geschlossen um 3 Uhr nachts, das ganze Jahr über. Die Hausspezialität La Bamba Special wird aus Wodka, Malibu, Batida de Coco, Blue Curaçao, Zitronensaft und Sahne gemixt.

Viele Urlauberinnen und Urlauber meist jüngeren Alters suchen in **Reno's Bar** 4 gegenüber einen Urlaubsflirt (17–3 Uhr, im Sommer ab vormittags).

Im **Capítulo V** 5 an der Praia da Oura 500 m südlich wird in der Saison am Wochenende ab Mitternacht zu House und Deep House getanzt (www.capitulo-club.com). Kommerzieller geht's auf den drei Tanzflächen im **Kiss** 6 direkt unterhalb des Strips zu (Wochenende, im Sommer tgl. ab 23 Uhr).

Magenstärkung

Zu essen gibt's allerlei auf dem Strip. Zahlreiche Pizzerien säumen die Straße. Das **Chilli** 1 schmückt seine Terrasse mit gemalten mexikanischen Landschaften. Ein chinesisches Buffet bietet das **China Imperial** 2 (tgl. abends geöffnet). Portugiesisches finden Sie im **Capoeira** 3 (tgl. abends, Fisch- und Fleischspieße, Steaks) und im **Poeta** 4 (Mi–Mo nur abends). Der grillte Fisch wird vom Ober filetiert. Augen- und Magenschmaus zugleich bietet **Wild & Co** 5: Absolut top – in der Bar im Erdgeschoss geht's amerikanisch bunt zu. Geöffnet wird um 18 Uhr, Rockbands spielen ab 22 Uhr. Dazu trinken die Fans ›Passion Fruit Mojito‹ aus Rum, Zitronensaft, Minze und frischer Passionsfrucht. Im elegant-coolen Interieur im Obergeschoss wird gehobene Küche zu etwas höheren Preisen geboten. Es gibt Filet vom Seeteufel oder Black-Angus-Steak und Vegetarisches (tgl. ab 18 Uhr, Tel. 289 58 35 45, ab 15 €).

Lohnt einen Abstecher

Die berühmteste Discothek, **Kadoc** 7 (www.kadoc.pt), 7 km außerhalb an der Straße nach Vilamoura ist edel-gestylt. Tausende drängeln sich auf fünf Tanzflächen zu Techno.

Übernachten

Am Strip ist es im **Hotel Aldeia** 1 in den Zimmern nach hinten sogar recht ruhig. Außerdem gibt's einen erholsamen Garten. Tel. 289 58 88 61, www.hotelaldeia.com, ab 60 €.

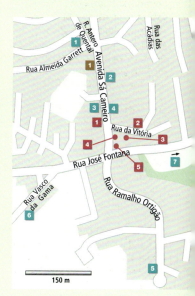

Felsalgarve

der Festung gibt's dazu noch eine römische Brücke. Das rührige Örtchen selbst besitzt eine Pfarrkirche aus dem 16. Jh. Zahlreiche Wanderwege führen in die Umgebung.

Übrigens müssen Sie auf der Hinfahrt das Fegefeuer passieren, so lautet jedenfalls die deutsche Übersetzung des Ortsnamens **Purgatório**, das 2 km vor Paderne liegt.

Olhos d'Água ▶ F 5

Noch ein kurioser Ortsname. Er bedeutet Wasseraugen, denn einst wurden hier Süßwasserquellen entdeckt. Leider wird der kleine Küstenort mehr und mehr zugebaut. Doch die Fischerbucht lässt sich zum Glück nicht zerstören. Hier sitzen die Besucher unberührt vom Trubel in einem Strandcafé oder -restaurant und blicken auf den weiten Ozean. Ein Pfad führt über die Klippen zu den roten Felsen der wunderschönen **Praia da Falésia**.

Übernachten
Kleinod – **Quinta do Mel:** Aldeia das Açoteias, 3 km östlich, Tel. 289 54 36 74, www.quintadofreixo.org/quintadomel, ab 90 €. Renoviertes Landhaus mit 10 Zimmern, nur knapp 2 km vom Strand entfernt.

Vilamoura ▶ G 5

Innerhalb weniger Jahrzehnte wurde ein verwilderter Landstrich zum gigantischsten und luxuriösesten Hotel- und Freizeitkomplex der Algarve. Der Jachthafen zählt mit seinen 1000 Liegeplätzen zu den großen Europas. In dem Ferienort herrscht eine kosmopolitische Atmosphäre. Alles ist auf elegant, fein und teuer getrimmt.

Cerro da Vila
tgl. 9.30–13, 14–18 Uhr, im Sommer 9.30–13, 14.30–19 Uhr, 3 €
Die römische Siedlung entstand um die Zeitenwende, zwischen 27 v. Chr. und 14 n. Chr., und wurde durch die Konservierung von Fisch und den Export des im Rom beliebten Garums wohlhabend. Auf dem Ausgrabungsgelände sind Grundmauern und Mosaike zu bewundern. Ein kleines Museum zeigt Schmuck und Alltagsgegenstände der römischen Bewohner.

Essen und Trinken
Pizza und mehr – Zahlreiche Restaurants mit einem ähnlichem Essensangebot reihen sich rund um die Hafenanlage, darunter eine Reihe an ordentlichen Pizzerien.

Ausgehen
Bei Figo – **Sete Café:** Marina, Bloco 7, Tel. 289 38 02 43, www.setecafé.com, tgl. In der Bar des portugiesischen Fußballidols Luis Figo treffen sich die Fans zum Fußball gucken, Fachsimpeln und Plaudern.

Sport und Aktivitäten
Wassersport – Rund um den **Jachthafen** (Tel. 289 31 05 60, www.marinadevilamoura.com) dreht sich alles um den Wassersport. Hier bietet **Condor de Vilamoura** (Tel. 289 31 40 70) Segeltörns entlang der Küste an. **Polvo Watersports** (Tel. 289 30 18 84, www.marina-sports.com) vermittelt Paragliding, Jetski und Wasserski, außerdem Speedboat-Turns und Bootscharter.
Tauchen – **Torpedo Diving:** Aldeia do Mar, Tel. 289 31 40 98. Tauchzentrum in einer Ferienanlage.
Reiten – **Centro Hípico Estalagem da Cegonha:** östlich von Albufeira, wenige Kilometer vor Quarteira, Tel. 289 30 25 77, www.graopara.pt.

Die westliche Hügellandschaft

Aljezur ▶ B 3

Es wird deutsch gesprochen, seitdem in den 1980er-Jahren viele Aussteiger aus Deutschland in dem Provinzstädtchen (5000 Einw.) ihre neue Heimat fanden. Das Wahrzeichen ist eine maurische Burg aus dem 10. Jh., die 1246 vom christlichen Santiago-Orden erobert und ausgebaut wurde. Der großartige Panoramablick entschädigt für den schlechten baulichen Zustand.

Gleich mehrere Museen sollen Besucher nach Aljezur locken. Das **Museu Municipal** unterhält eine archäologische und volkskundliche Abteilung sowie ein Kunstgalerie. Das **Museu de Arte Sacra**, angebaut an die Igreja Misericórdia, präsentiert Messgewänder, Bibeln, Gesangsbücher, Taufkleider und Heiligenbilder. Die **Casa-Museu Pintor José Cercas** im Haus des verstorbenen einheimischen Künstlers zeigt dessen Werke und Porzellanarbeiten. Und dann gibt es noch das **Museu Antoniano** – dem hl. Antonius gewidmet (Öffnungszeiten jeweils: Winter Mo–Fr 10–13, 14.30–17, Do, Fr bis 18 Uhr, Sa nur vorm., Sommer Di–Sa 9–13, 14–18 Uhr, Kombiticket 2 €, ggf. gibt es den Schlüssel im Museu Municipal).

Übernachten

Strandnah – **Vale da Telha:** Vale da Telha, Tel. 282 99 81 80, www.valetelha.pt, ab 60 €. Recht moderne Ferienanlage zwischen Küste und Städtchen.

Ferienhäuser – Birgit Herbers (Tel. 964 22 02 30, mobil und www.aljezur.de) vermietet drei kleine Ferienhäuser, Mindestaufenthalt 3 Tage, ab 70 €/Nacht.

Essen und Trinken

Süßkartoffelkuchen – **Pont' a Pé:** Largo da Liberdade, 12, Tel. 282 99 81 04, So geschl., ab 8 €. Salate und Grillspeisen. Fragen Sie nach dem Kuchen aus Süßkartoffeln *(batatas doces)*! Mit Terrasse.

Traditionell und lecker – **Ruth O Ivo:** Rua 25 de Abril, 14, Tel. 282 99 85 43, Sa geschl., ab 8 €. Regionale Küche, z. B. Kaninchen, fangfrischer Fisch und Meeresfrüchte.

Sport und Aktivitäten

Baden und Surfen – Die traumhafte Küste ist schwerer zugänglich als die vergleichsweise sanften Strände des Südens, und die Atlantikwellen rollen mit großer Macht an Felsen und Sandbuchten. Vorsicht also!

Die sandige **Praia da Arrifana** unterhalb gewaltiger grauer Felsen zählt zu den schönsten Stränden mit Restaurants, Bars und gewaltigen Wellen, die wagemutige Wellenreiter schätzen. Diese betreut das **Aljezur Surf Center** (www.arrifanasurfcamp.com). Vom kleinen Hafen aus machen sich die Fischer auf die Suche nach den begehrten Entenmuscheln. Weitere schöne Strände: **Monte Clérigo** (mit Restaurants) und **Praia de Vale Figueiras** (einsam).

Die westliche Hügellandschaft

Angeln – In zahlreichen Buchten ist Angeln möglich; über 200 Fischarten sind heimisch.

Infos
Touristeninformation: Largo do Mercado, Tel. 282 99 82 29, www.aljezur.pt, Di–Do 9.30–17.30, im Sommer bis 19, Fr–Mo 9.30–13, 14–17.30 Uhr
Internet: Private Seiten auf Deutsch: www.aljezur.net/index_de.html und www.aljezur-info.de
Busse: mehrmals zu den Stränden und nach Lagos

Caldas de Monchique
▶ D 3

In einem engen, immergrünen Tal glänzen Jugendstilhäuser zwischen blauen Jacaranda-Bäumen, blutroter Bougainvillea und weißem Ginster. Das Thermalbad erlebte Anfang des 20. Jh. seine große Blütezeit, doch reicht die Geschichte viel weiter zurück. Schon Römer und Mauren hatten sprudelnde Heilquellen entdeckt. Sie helfen bei Atemwegs- und Gelenkerkrankungen. Wellnessprogramme wurden für stressgeplagte Menschen konzipiert. Das Herz des Ortes bildet ein kleiner Platz unter Bäumen, das alte Kurhaus wirkt wie ein maurischer Palast und in dem kleinen Tempel an der Thermalquelle (Bouvette) sprudelt das Heilwasser frei zugänglich. Rundum erholsam!

Übernachten
Kurhotels – **Villa Termal:** Tel. 282 91 09 10, www.monchiquetermas.com. Sechs Unterkünfte gehören zum Spa-Resort. DZ 95–140 €.
Angenehm – **Albergaría do Lageado:** unterhalb der Kirche, Tel. 282 91 26 16, www.albergariadolageado.com, DZ

Blick auf das idyllisch gelegene Bergstädtchen Monchique

ab 45–55 €, März–Okt. Ein Mineralwasser-Pool im hübschen Garten gehört zur kleinen Unterkunft, die nicht zu den Kurhotels zählt.

Essen und Trinken
Italienisch inspiriert – **Restaurante 1692:** am Hauptplatz, Tel. 282 91 09 10, um 14 €. Die Gäste sitzen unter schattigen Bäumen bei Seezunge, Salaten und Nudelgerichten.

Sport und Aktivitäten
Kurwandeln – Zwei Spaziergänge führen in die nahe Umgebung.
Radfahren – Gäste der Thermalhotels können Räder leihen oder an organisierten Touren teilnehmen.
Spa – Unter www.monchiquetermas.com lassen sich zahlreiche Wellnessprogramme buchen (auch stundenweise), vom Schlammbad über ›Weintherapie‹ bis zu ›Keep Fit‹.

In der Umgebung
Im Parque da Mina südlich an der N 266 wurde die Wohnanlage des einstigen Minenbesitzers in ein, laut Werbung, »lebendiges Museum« umgewandelt, dazu große Gärten, ein kleiner Tierpark, Minen, ein Souvenirshop (www.parquedamina.pt, 10–17, im Sommer bis 19 Uhr, Nov.–Jan. Mo geschl.).

Monchique ▶ D 3

Im Herzen der Serra de Monchique zieht sich das Bergstädtchen mit 8000 Einwohnern terrassenförmig den Hang hinauf. Die höchsten Niederschlagsmengen an der Algarve verwandeln die Landschaft in einen Garten Eden. Monchique selbst besitzt eine kunsthandwerkliche Tradition – sichtbar an den vielen Läden auf der Dorfstraße, die nach römischem Vorbild gefertigte klappbare Scherenstühle aus Schwarzerle sowie Weidenflechtarbeiten und verzierte Spazierstöcke anbieten. Nebenbei brennen die Einheimischen den traditionellen Erdbeerbaumschnaps Medronho. Regionale Spezialität sind geräucherte Würste und Schinken.

Steile, mit runden Steinen gepflasterte Gassen laden zu einem manchmal allerdings etwas atemraubenden Rundgang durch den teils autofreien historischen Ortskern ein. Besonders schön ist das fünfstrahlige manuelinische Portal der Pfarrkirche aus dem 16. Jh., das zu Stein erstarrte Schiffstaue und Schlingpflanzen zieren.

Übernachten
Erholsam – **Bica-Boa:** Estrada de Lisboa, 266 (nördlicher Ortsausgang), Tel. 282 91 22 71, ab 60 €. Gemütliche Oase für Stressgeplagte mit nur 4 Zimmern und sehr gutem Restaurant, auch vegetarisch.
Berghotel – **Abrigo da Montanha:** Estrada de Fóia, 2 km außerhalb, Tel. 282 91 21 31, www.abrigodamontanha.com, ab 50 €. 14 farbenfrohe Zimmer in der Bergunterkunft, hübscher Pool.

Essen und Trinken
Regional – **A Charette:** Rua Dr. Samora Gil 30, Tel. 282 91 21 42, Mi zu, ab 8 €. Deftige Eintöpfe und Braten im gemütlichen Speiseraum.

Einkaufen
Kunsthandwerk und Scherenstühle stehen an den Straßenrändern zur Begutachtung und zum Kauf.
Markt – jeden 3. Sonntag im Monat im Stadtzentrum

Sport und Aktivitäten
Mountainbiketouren – Den Berg hinab geht es in Monchique mit geliehenen Fahrrädern von **Alternativtour**

Die westliche Hügellandschaft

(Tel. 282 91 32 04, www.alternativtour.com) und von **Outdoor Tours** (www.outdoor-tours.net).
Wandern – Vier Wanderwege erschließen die Umgebung. Der Deutsche **Uwe Schemionek** bietet geführte Wanderungen an (Tel. 282 91 10 41, www.wandern-mit-uwe.de).

Infos und Termine
Touristeninformation: Largo São Sebastião (Ausfahrtstraße Richtung Fóia), Tel. 282 91 11 89, Mo–Fr 9.30–13, 14–17.30 Uhr
Busse: nach Portimão
Feira dos Enchidos: 1. Märzwochenende; ideale Gelegenheit zum Probieren der Räucherwürste
Feira dos Presuntos: Am 1. Juliwochenende wird der Räucherschinken zur Verkostung angeboten.

In der Umgebung
Der **Pico da Fóia**, mit 902 m die höchste Erhebung des südlichen Portugals, ist acht Kilometer entfernt und ermöglicht bei klarem Himmel einen atemberaubenden Panoramablick. Auch ein Abschnitt des Fernwanderwegs Via Algarviana führt hinauf (einfache Strecke gut zwei Stunden).

Silves ▶ E 4, Cityplan S. 62

Rund um Silves verzaubern im Februar die weißen Blüten der Mandelbäume die Landschaft, Bäume, die laut Legende von einem Maurenprinzen gepflanzt worden sind. Er wollte seine aus dem Norden stammende Liebste mit künstlichem Schnee erfreuen. Im März und April verströmen die blühenden Orangenbäume ihren betörenden süßlichen Duft. Das maurische Kastell wacht noch heute über die 11 000 Einwohner-Stadt, in maurischer Zeit ein wichtiges politisches und kulturelles Zentrum (direkt 6 ▶ S. 59). Fast alle Gassen mit den pastellfarbenen Häusern führen steil hoch zur Burg und zum Kirchplatz. Dazwischen warten Geschäfte, Gaststätten und Cafés auf Kundschaft. Unten im Ort verbindet eine **Brücke** die beiden Uferseiten des Rio Arade, eine architektonische Meisterleistung aus dem 13. Jh., errichtet auf römischen Fundamenten.

An der östlichen Ausfahrtstraße erhebt sich das 3 m hohe Steinkreuz **Cruz de Portugal**, das an die Landnahme fremder Küsten durch portugiesische Seefahrer erinnert. Einige Wissenschaftler taxieren seine Fertigung exakt auf das Jahr 1499, andere auf das frühe 16. Jh.

Übernachten
Ökologisch – **Quinta da Figueirinha:** Figueirinha, 6 km östlich, Tel. 282 44 07 00, Fax 282 44 07 09, www.qdf.pt, Apartments ab 30 €, für 6 Personen ab 80 €. Ökologisches Landgut unter deutscher Leitung, ideal für Familien.

Essen und Trinken
s. S. 60, 62

Einkaufen
Die **Quinta da Figueirinha** verkauft Bioprodukte direkt vom Hof, s. o.
Frisches – **Markthalle 1**: Die hübsche Markthalle am Flussufer ist Mo–Sa 7–13 Uhr geöffnet.
Kork – **Loja Regional Silva 2**: Rua 25 de Abril, 10. Sie werden überrascht sein, was alles aus Kork hergestellt wird.

Infos
Touristeninformation: EN 124, Parque das Merendas (am Fluss), Tel. 282 44 22 55, Mo–Fr 9.30–13, 14–17 Uhr. ▷ S. 63

6 | Maurische Spurensuche – Altstadt von Silves

Cityplan: S. 62

Noch einmal übernehmen die Mauren die Herrschaft über Silves, allerdings nur für die Dauer Ihres Rundgangs. Von weitem schon sehen Sie ihre Festung aus dunkelrotem Sandstein. Von Dichtern wurden die eleganten städtischen Gebäude, die gut sortierten Basare und sogar eine verzauberte maurische Prinzessin besungen.

Brillante Philosophen, Historiker und Juristen lebten vor einem Jahrtausend in Xelb, wie die politische und kulturelle Hochburg im Arabischen hieß. Sie wurde sogar als Wiege der arabisch-andalusischen Poesie gerühmt. Reisende wussten über die Einwohner zu berichten, dass sie sehr schlagfertig seien und gereimte Verse aus dem Kopf rezitierten. Sie sprachen reines Arabisch, stammten sie doch aus dem Jemen und anderen arabischen Regionen.

Alles begann im 11. Jh., als das iberische Reich der Omaijaden in mehrere kleine Königtümer zerfiel. Xelb entwickelte sich zur wichtigsten Stadt der Algarve und übertraf selbst Lissabon und Sevilla an Bedeutung. Bis zu 30 000 Einwohner wurden gezählt, darunter auch Juden und Christen. Die Mitglieder der drei Religionsgemeinden respektierten sich und lebten in Frieden miteinander.

Praça Al-Muthamid
An diese multikulturelle Blütezeit erinnert eine moderne **Skulpturengruppe** 1 nahe dem Fluss Arade. Roter Sandstein und verschiedene Marmorsorten stehen für die unterschiedlichen Hautfarben der Bewohner. Namensgeber ist der arabische Gouverneur von Xelb, Al-Muthamid (1051–1091), der in Marrakesch seine letzte Ruhe fand. Er hinterließ ein literarisches Werk, das noch heute in arabischen Schulen gelesen wird.

Die westliche Hügellandschaft

Kleine, aber feine Ausstellung

Das **Centro de Interpretação do Património Islâmico** 2 zeigt die arabischen Einflüsse auf die portugiesische Alltagskultur. Dazu gehörten ausgefeilte Bewässerungssysteme und Schöpfbrunnen, die Lehmbauweise der Häuser und das Kalken ihrer Außenmauern. Kurze Filme führen die arabischen Bautechniken plastisch vor Augen. Auch die wohlgesetzten maurischen Verse werden zitiert. Der gleichermaßen arabischen wie portugiesischen Vorliebe für süßes Gebäck aus Feigen, Mandeln oder Johannisbrot können Sie nebenan im einfachen **Café von Dona Rosa** 1 auf einer wunderschönen Terrasse frönen.

Arabische Stadtmauern

Von dort blicken Sie auf die arabische **Stadtbefestigung** 3 aus rotem Sandstein, die eine Fläche von sieben Hektar schützte und zu den herausragenden Militärbauten Portugals aus der arabischen Epoche zählt. Wehrtürme dienten der Sicherung vor Angriffen, tiefe Zisternen sorgten für Trinkwasser und geheime Gänge für den Nachschub von Lebensmitteln während langer Belagerungen.

An der östlichen Seite der Praça do Município beeindruckt das **arabische Stadttor** *(Porta da Cidade)*, durch das man nur von ›der Ecke‹ hindurch gelangt. Durch diese arabische Verteidigungstechnik wurde der Ansturm der Angreifer erfolgreich abgebremst. Wer genau hinschaut, erkennt an der rechten Seite des hohen Rundbogens neuere Sandsteinblöcke. Mit ihnen wurde eine Erweiterung der schmalen Einfahrt zugunsten des Autoverkehrs rückgängig gemacht. Eine Treppe führt ins Obergeschoss, das bereits als Rathaus, Gefängnis, Bücherei und Stadtarchiv diente.

Archäologisches Museum

Die moderne Architektur des **Museu Municipal de Arqueologia** 4 weiß zu überzeugen, was ja nicht immer selbstverständlich ist. Das Gebäude wurde um eine Zisterne der Almohaden (12./13. Jh.) errichtet, die man 1980 bei Grabungen entdeckt hat. Ihr Durchmesser beträgt 4 m. Sie ist, ebenso kurios wie beeindruckend, wie ein Ziehbrunnen angelegt worden. Eine spiralförmige Treppe führt 18 m in die Tiefe, wobei mehrere Nischen das Schöpfen des Trinkwassers bei jeweils unterschiedlich hohem Wasserstand erlaubten.

Die archäologische Sammlung reicht von der Altsteinzeit über die römische Epoche bis ins Mittelalter. Stark vertreten ist die maurische Epoche, die Sammlung arabischer Keramik zählt zu den wichtigsten in Portugal. Sehenswert sind zwei luxuriöse Kapitele aus dem Palastgebäude der Burg (10. Jh.) sowie Glasgefäße, Spindeln und Schmuck (12./13. Jh.). Vom Obergeschoss aus können Sie die angrenzende Stadtmauer besteigen und einen schönen Blick über die arabisch beeinflussten Flachdächer in der Altstadt genießen.

Die Kathedrale

Wer sich hier auf die Suche nach arabischen Spuren begeben möchte, müsste ziemlich tief graben. Denn gleich nach der Rückeroberung im 13. Jh. wurde an der Stelle der niedergebrannten Moschee mit dem Bau der Kathedrale **Sé Velha** 5 begonnen. Aufgrund von Geldmangel zogen sich die Arbeiten über zwei Jahrhunderte hin, der Bau drohte sogar einzustürzen. Aus dieser Zeit blieben das gotische Hauptportal und die östlichen Gebäudeteile aus rotem Sandstein erhalten. Die Schäden des Erdbebens von 1755 wurden mit Reparaturarbeiten im Barockstil beho-

6 | Altstadt von Silves

ben, wodurch ein etwas irritierender Stilmix entstand.

Mit einem figurenreichen, rein manuelinischen Seitenportal entzückt jedoch die benachbarte **Igreja da Misericórdia**.

Die große Burganlage

Innerhalb der Burgmauern hoch über der Stadt lag der luxuriöse Gouverneurssitz, das **Castelo** 6. Der Dichter Al-Muthamid besang ihn als »Palast der Terrassendächer«, in dem auch Löwen und weiße Gazellen lebten. Das Bauwerk habe sowohl einer Grotte als auch einem Serail geglichen.

Mit einem Wehrgang verbunden sind die zahlreichen Verteidigungstürme. Zwei sind der Stadtmauer vorgelagert. Auf diese Weise wurde der tote Winkel ausgeschaltet, um Angreifer effektiver stoppen zu können. Die höchsten Türme erheben sich an der nordöstlichen und nördlichen Seite, von wo aus die Gegner meist den Angriff wagten.

Dank dieses sicheren Bollwerks ist es wenig verwunderlich, dass die christlichen Ritter das Kastell erst nach verlustreichen Belagerungen und blutigen Schlachten einnahmen.

Am Eingang der Burganlage begrüßt den Besucher die heroische Statue von König Sancho I., der im Jahre 1189 zum ersten Angriff blies – tatkräftig unterstützt von Richard Löwenherz und seinen Mannen, die extra ihren Kreuzzug nach Jerusalem unterbrachen. Nur kurz aber währte die Freude, zwei Jahre später wurde die Festung von den marokkanischen Almohaden zurückerobert und erst 1242 gelang den Santiago-Rittern unter Dom Paio Peres Correia die endgültige Einnahme der Stadt.

Plünderungen beendeten das Märchen aus 1001 Nacht. Vom Palast blieben nur wenige, inzwischen freigelegte Grundmauern. Eine große Zisterne aus dem 12. Jh. überstand die christliche Zerstörungswut. Mit einem Fassungsvermögen von 1,3 Mio. Litern diente sie bis in die jüngste Vergangenheit der Wasserversorgung von Silves. Erhalten blieb auch die Cisterna dos Cães, der Brunnen der Hunde, der Trinkwasser aus 60 m Tiefe lieferte. Von den hohen Burgmauern eröffnet sich das herrliche Panorama über die Stadt, die Hügellandschaften und Orangenhaine. Mit solchen Bäumen hatten die Araber die Algarve einst zum Blühen gebracht. Im Inneren der Anlage erinnern neu gestaltete Wasserkanäle und historische Gärten an die maurischen Ursprünge.

Städtische Kunstgalerie

Der ehemalige, im neo-arabischen Stil erbaute Schlachthof am westlichen Stadtrand beherbergt heute die **Casa da Cultura Islâmica e Mediterrânica** 7. Hufeisenbögen, Terrakotaböden und stilisierte Lebensbäume am Gesims greifen arabische Dekore auf, im Patio plätschert leise ein Springbrunnen. In oft sehr anspruchsvollen Wechselausstellungen werden die kulturellen Bande mit Nordafrika und dem Mittelmeerraum aufgenommen oder zeitgenössische portugiesische Künstler präsentiert.

Übrigens: Laut Legende erscheint in der Johannisnacht (23./24. Juni) eine verzauberte maurische Prinzessin in der großen Zisterne und gleitet in einem silbernen Boot mit goldenen Rudern über das Wasser. Die unnahbare Schöne kann nur durch Zauberworte eines Prinzen ihres Glaubens erlöst werden. Mit der einbrechenden Morgendämmerung entschwindet sie wieder.

Die westliche Hügellandschaft

Infos

Centro de Interpretação do Património Islâmico 2: Praça do Município, Mo–Fr 9–13, 14–17 Uhr, Eintritt frei

Museu Municipal de Arqueologia 4: Rua das Portas de Loulé, Mo–Sa 9–18 Uhr, Eintritt 2 €

Sé Velha 5: Mo–Fr 9–12.30, 15–17.30, Sa 9–12 Uhr, Eintritt 1 €

Castelo 6: im Sommer tgl. 9–19 Uhr, sonst bis 17.30 Uhr (letzter Einlass jeweils eine halbe Stunde vor Schließung), 2,50 €

Casa da Cultura Islâmica e Mediterrânica 7: Largo da Republica, Di–Fr 10–13, 14–18, Sa 14–18 Uhr, Eintritt frei

Essen und Trinken

Direkt unterhalb der Burg bietet das **Café Inglês** 2 leckere Salate, Snacks und Kuchen, entweder im Freien unter schattigen Bäumen oder in dem farbenfroh restaurierten Speisesaal (Tel. 282 44 25 85, Sa geschl.).

Bei größerem Hunger führt in Silves kein Weg an der **Marisqueira Rui** 3 vorbei, dem alteingesessenen Tempel für Meeresfrüchte. Achtung: Die unaufgefordert servierten Garnelen werden berechnet, sind aber auch köstlich, und man sollte sie sich ebenso wenig entgehen lassen wie die Desserts (Rua Comendador Vilarinho 23, Tel. 282 44 26 82, Di geschl., ab etwa 10 €).

Typische Szene für das beschauliche Leben auf dem Lande

Parken: kostenloser Platz am Fluss
Zug: Bahnhof ca. 3 km südlich
Busse: mehrmals tgl. nach Portimão und Albufeira
Mittelalterfest: Mitte August

Alte ▶ G 4

»Weil ich am Fuße der vier Berge geboren, wo die Wasser im Vorbeiziehen singen, die Lieder der Mühlen und der Brücken, lehrten mich die Wasser das Sprechen«, schrieb der Heimatdichter Cândido Guerreiro über Alte. Seine Büste steht bei der **Fonte Pequena.** Bänke mit Azulejo-Schmuck, die plätschernde Quelle, der murmelnde Bach, schattige Bäume – die Idylle ist einfach perfekt. Das Örtchen ist wirklich eine Oase in den Bergen.

Die niedrigen Häuser sind weiß gekalkt und tragen kunstvolle Kamine. Sehenswert sind das manuelinische Eingangsportal der **Pfarrkirche,** der Altarbogen (gedrehtes Steintau) und die Verzierungen an der Decke des Altarraums. Die drei Schlusssteine symbolisieren die portugiesischen Entdeckungsfahrten (gelb), den Orient (Mond) und den Seeweg nach Indien (blau). Eine Seitenkapelle ist mit seltenen sevillanischen Kacheln aus dem 16. Jh. ausgekleidet (Mo–Fr 10–13, 15–18, Sa 10–13 Uhr, 0,50 €).

Übernachten

Hoch oben – **Alte Hotel:** Montinho (2 km nordwestlich), Tel. 289 47 85 23, www.altehotel.com, ab 45 €. 28 sachliche Zimmer, sehr ruhig am Berghang mit Blick bis Portimão.

Die westliche Hügellandschaft

Essen und Trinken
Süß und Salzig – **Aguamel:** Largo José Cavaco Vieira, Tel. 289 47 83 38, www.aguamel.net. Leckeres Gebäck und kleine Speisen, Panoramaterrasse.
Gut bewirtet – **O Rosmaninho:** Sarnadas, 5 km westlich, s. S. 67.

Sport und Aktivitäten
Baden – Ein romantisches Naturschwimmbecken an der **Fonte Grande,** ab Fonte Pequena gut 1 km im Wasserlauf aufwärts, lädt zum Baden ein, rundherum wird im Sommer fleißig gegrillt.

Infos und Termine
Casa Memória de Alte: Estrada da Ponte, 17 (Umgehungsstraße), Tel. 289 47 86 66, www.visitealte.com, Mo–Fr 9–12.30, 14–17.30 Uhr. Touristeninformation, auch Verkauf von regionalen Spezialitäten und Kunsthandwerk.
Semana Cultural: 25. Apr.–1. Mai. Alte vibriert bei Umzügen, Musik, Sport, Theater und einem traditionsreichen Picknick am 1. Mai.

Salir ▶ H 4

Der hübsche Ort (800 Einw.) mit seinen weißen niedrigen Häusern war zur Zeit der Mauren von einiger Bedeutung, denn immerhin wurde auf die Spitze des Dorfhügels eine kleine Festung gebaut, von der aus man einen schönen Blick auf die Serra hat. Im Bereich der *ruinas*, eigentlich sind es nur noch Grundmauern, sind in einem kleinen Museum die Ausgrabungsfunde zugänglich gemacht worden (Mo–Fr 9–12.30, 14–17.30 Uhr, Eintritt frei).

Auf der östlichen Seite erhebt sich die Pfarrkirche, die noch vom Wasserturm überragt wird. Wasser war vielleicht wichtiger als der Glaube. Von einer kleinen Gartenanlage weitet sich der Blick Richtung Küste.

Sport und Aktivitäten
Wandern – Salir ist ein guter Ausgangspunkt für Wanderungen im Barrocal (**direkt 71** S. 65).

Infos
Touristeninformation: Rua José Viegas Gregório, Tel. 289 48 97 33, Mo–Fr 9–13, 14–17 Uhr.

Querença ▶ H 4

Die Tische eines Cafés und eines einfachen Restaurants machen den vielleicht schönsten **Dorfplatz** der Algarve noch attraktiver – rundherum weiß gekalkte Häuser, eine gotisch-barocke **Dorfkirche** komplettiert das Bild. Deren manuelinisches Portal zieren seltene Darstellungen eines negroiden Gesichts und eines Äffchens. In Stein gemeißelt, waren sie Nachrichten aus der gerade erst entdeckten neuen Welt, die die Gemeinde im 16. h. erreichten.

Vom Kirchplatz stürzt sich die Straße ins Tal und führt zur **Fonte de Benémola.** Ein markierter Weg durch das unter Naturschutz stehende Quellgebiet bringt Wanderer u. a. zu Korbflechter António, der das rundherum sprießende Riesenschilfrohr in Körbe verwandelt.

Essen und Trinken
Idyllisch – **Querença:** Kirchplatz, Tel. 289 42 25 40, Mi zu, ab 7,50 €. An den langen Holztischen auf dem Platz werden einfache, aber leckere ländliche Speisen serviert.

Infos
Touristeninformation: Kirchplatz, Tel. 289 42 24 95, Mo–Fr 9–12.30, 13.30–17 Uhr

7 | Der Kummerfels – Wandern im fruchtbaren Barrocal

Karte: ▶ G 4 | **Anfahrt:** im Pkw EN 124 Alte–Salir, dann EN 503 nach Norden

Der Rocha da Pena ist etwas Besonderes, in vielfacher Hinsicht. Der Kalkmonolith erhebt sich über die weite Ebene, ein Hingucker schon aus der Ferne, mit Irrsinnsblick von oben und sagenumwobener Landebahn für außerirdische Lebewesen. Das Beste: Hinauf führt eine der schönsten Wanderungen in der Algarve.

479 m hoch, 1850 m lang und 455 m breit ist der Rocha da Pena – was zunächst nach wenig klingen mag. Doch der Berg straft die nackten Zahlen Lügen, wie er als grauer Monolith aus dem Boden des Barrocal wächst. So heißt der Landstrich zwischen der südlichen Küste und den nördlichen Schiefergebirgen. *Barro* bedeutet Lehm, *cal* ist Kalk. Und so sieht es hier auch aus. Rotbraun gefärbt ist die Erde, übersät mit kleinen Brocken des hellen Gesteins. Wer hier Land hätte, wäre im wahrsten Sinne des Wortes steinreich. Zu kleinen Mäuerchen werden die Steine um die Felder gehäufelt, als Schutz vor dem Wind und vor Angriffen der Füchse auf Schafe und Schweine.

Ein bunter Wechsel von Orangen- und Olivenhainen, Mandelbäumen und Korkeichenwäldern erfreut das Auge. Dazwischen Feigen- und Johannisbrotbäume mit ihren süßen Früchten. Und dann steht da plötzlich der Rocha da Pena, der Fels des Kummers, des Leids.

Großartige Pflanzenvielfalt

390 Pflanzenarten verbreiten im Wechsel der Jahreszeiten einen betörenden Duft. Rosmarin, Thymian und Schopflavendel. Dazu kommen Heilpflanzen wie das Echte Johanniskraut oder der blaublütige Borretsch. Lackzistrosen überziehen die Frühlingslandschaft mit großen weißen Blüten. Lila Hyazinthen und Orchideen erfreuen in ihrer Farbpracht.

Die westliche Hügellandschaft

Die endemische Brotero-Pfingstrose blüht im April und Mai violett-rot. Die bis zu einem Meter hohe Zwergpalme ist eine der wenigen in Europa wild wachsenden Palmen. Aus ihren Blättern werden Besen gebunden und Körbe und Hüte geflochten.

Tiere im Barrocal

Über 120 Vogelarten leben hier. Habichtsadler und Mäusebussard schweben in der Luft. Eichelhäher verstecken sich im Wald, Eulen in den Felsspalten. Der Ruf des Kuckucks ist zu hören, manchmal auch der Gesang der Nachtigall. Pirole und Bienenfresser stellen ihr prächtiges Federkleid zur Schau.

Wildschweine hinterlassen Spuren am Wegesrand, Kaninchen und Wildhasen hoppeln durchs Gebüsch. In den Höhlen und Felsspalten leben Langflügelfledermäuse und das Kleine Mausohr.

Der steile Anstieg

Ein Brunnen am Wanderparkplatz spendet kühles Nass. In der **Bar das Grutas** 1 können Sie eine letzte Stärkung zu sich nehmen. Der sofort kräftig ansteigende Weg führt auf den scheinbar uneinnehmbar aufragenden Fels zu. An dessen Fuße wendet sich der schmaler werdende Pfad nach Osten und erreicht nach einer schweißtreibenden halben Wegstunde den langgestreckten Kamm. Weit reicht der Blick, bei schönem Wetter sogar bis ans Meer, wo sich die Hochhäuser der Touristenzentren wie Finger in die Luft strecken. Hier oben dagegen herrscht eine wunderbare natürliche Stille. Nur der Wind pfeift und die Vögel zirpen.

Ein Schild weist zum Aussichtspunkt Miradouro Norte, von dem aus Sie auf die rauen Berglandschaften der Serra do Caldeirão bis zur Nachbarprovinz Alentejo schauen.

Weizenkampagne und Außerirdische

Vom Aussichtspunkt zurück wendet sich der rot-gelb markierte Hauptweg nach Westen (Wegweiser Planalto) und führt etwa eine Stunde über den Bergrücken. In luftiger Höhe lässt es sich auf den schmalen Wegen angenehm laufen. Nur manchmal muss man zwischen einzelnen Kalkfelsen hindurch kraxeln. An höchster Stelle versteckt sich die Grotte Algar dos Mouros, die den Mauren als Zufluchtsort vor den christlichen Rückeroberern gedient haben soll. Unbestellt sind die Felder, schon seit Jahrzehnten. Diktator Salazar hatte in den 1930er-Jahren zur Weizenkampagne geblasen. Portugal sollte unabhängig von Importen werden und wurde mit Getreidefeldern überzogen, auch hier oben. Bis die kargen Böden vollends ausgelaugt waren.

Auch unsere Urahnen waren schon am Rocha da Pena aktiv. Vor einem letzten Anstieg passiert man ein langgestrecktes Geröllfeld. Vermutlich in der Eisenzeit wurden die Steine zusammengetragen. Der Wall sollte gegen Feinde schützen. Aber so mancher pilgert auch in dem Glauben herauf, Außerirdische hätten sich einst eine Landebahn für Ufos gebaut.

Durch Penina zurück

Der Weg abwärts ist breit, aber steil. Weiß gekalkte Häuschen fügen sich am Fuße des Berges zu dem verwinkelten Dorf Penina zusammen. Meist alte Menschen und viele Hunde leben hier. Am Ortseingang zeigt ein Museumsraum eine ländliche Wohnung (sporadisch geöffnet, Eintritt frei). Von hier zweigt eine Sackgasse ab, in der gotische Häuserfronten die Jahrhunderte überdauert haben. Die Eingänge werden von Spitzbögen überwölbt, die niedrigen Bauten sind fensterlos.

7 | Wandern im Barrocal

Nun geht es durch den Ort, an dessen südöstlichem Ausgang hinter einer Palme ein schmaler Feldweg beginnt. Er mündet in eine breite Straße, die den Wanderer in 15 Minuten zurück zum Ausgangspunkt bringt.

Infos
Anfahrt: Nahe Salir zweigt von der EN 124 die EN 503 nach Norden ab. Rocha da Pena ist ab hier ausgeschildert.
Anforderungen: Dauer ca. 2,5 Std. Abstieg und Aufstieg sind steil. Festes Schuhwerk ist notwendig. Empfehlenswerte Zeiten sind Frühling, Herbst und klare Wintertage.
Tipps: Es gibt zahlreiche Plätze für ein Picknick mit Panoramablick. Gegen die stachelige Macchia schützen lange Hosen – auch bei hohen Temperaturen empfehlenswert!

Kletterkünste
Die bis 50 m hohen Felswände bilden ein Kletterparadies mit 13 unterschiedlichen Aufstiegen. Infos unter www.amea.pt/guiaescaladarp.htm.

Wohnen auf dem Bauernhof
Das ökologische Landgut **Quinta do Freixo** 1 um die Ecke vermietet 10 hübsche Fremdenzimmer im restaurierten Anbau. 3 km nördlich von Benafim. Tel. 289 47 21 85, www.quintadofreixo.org, ab 53 €. Auch selbst produzierte Marmeladen und Schnäpse werden verkauft!

Gut bewirtet
Dona Fernanda bereitet in ihrem Restaurant **O Rosmaninho** 2 leckere Spezialitäten wie Entenreis oder Wildschweinbraten; in Sarnadas, 7 km westlich, Tel. 289 47 84 82. Es ist nicht immer offen, Anmeldung ist daher ratsam. Hauptspeisen um 8 €. Auch vier einfache, aber ruhige Privatzimmer für ca. 40 €.

Rund um die Hauptstadt Faro

Faro ▶ H/J 6, Cityplan S. 72

Die Universitätsstadt an der Hafflandschaft Ria Formosa mit 60 000 Einwohnern hat einiges zu bieten: Interessante Museen, gute Einkaufsmöglichkeiten, Restaurants und Straßencafés, großstädtisches Flair in den Fußgängerzonen und eine schöne Altstadt (**1** – **8**, direkt 81 S. 69, Cityplan S. 72).

Jardim Manuel Bivar **9**
Der baumbestandene Platz ist ein idealer Ausgangspunkt für die Stadtbesichtigung. Die prächtige neo-arabische Fassade der Bank von Portugal und ein romantischer Musikpavillon zeugen vom eleganten Beginn des 20. Jh. Die klassizistische Fassade der Igreja da Misericórdia wurde nach dem Erdbeben gebaut, nur der Portikus stammt von der Ursprungskapelle aus dem 16. Jh. Gegenüber stellt das gläserne Café do Coreto seine Stühle an die Wasserfront. An der Stirnseite gibt das Stadttor Arco da Vila den Weg ins historische Zentrum frei.

Rua de Santo António **10**
In den Läden der mit schwarz-weißen Pflastermosaiken ausgelegten Gassen rund um die Rua de Santo António kaufen noch die Einheimischen, in den Kaffeehäusern treffen sie sich zum Schwatz und in den Restaurants zum meist deftigen Mahl. Das historische Café Aliança musste aus bautechnischen Gründen leider geschlossen werden und wartet nun auf die Sanierung.

Museu Etnográfico Regional do Algarve **11**
Mo–Fr 10–13.30, 14.30–18 Uhr, 1,50 €
Das Heimatkundemuseum in der Rua Pé da Cruz gewährt Einblicke in die regionalen Lebensverhältnisse. Kunsthandwerk, Trachten und historische Fotografien werden gezeigt, ein algarvianisches Haus mit Schlafzimmer und Küche ist nachgebaut.

Igreja de São Pedro **12**
unregelmäßig nach 16 Uhr, Eintritt frei
Das Kirchlein am Largo de São Pedro war ursprünglich eine einfache Fischerkapelle. Im 18. Jh. verwandelten es die Holzkünstler, Vergolder und Mosaikkünstler aus Lissabon in ein wahres Schmuckkästchen.

Igreja do Carmo **13**
Mo–Fr 10–13, 14–17.30, Sa 10–13 Uhr, Kirche Eintritt frei, Kapelle 2 €
1713 wurde mit dem Bau der Karmeliterkirche am Largo do Carmo begonnen, der 160 Jahre dauern sollte. Solange brauchte es, bis die überbordenden vergoldeten Holzschnitzereien – im eleganten Kontrast zu den weißen Wänden – vollendet waren.

Einen gruseligen Gegensatz bildet die Knochenkapelle Capelo dos Ossos im Innenhof. »Bedenke, dass Du auch so enden wirst« – so lautet die Inschrift über dem Eingang und so verkünden es Tausende von menschlichen Schädeln, mit denen Wände und Decken ausgekleidet sind. ▷ S. 72

8 | Ein Jahrtausend wird besichtigt – die Altstadt von Faro

Cityplan: S. 72

Das Klappern der Störche auf dem Turm der Kathedrale liegt in der Luft. Doch die gepflasterten Gassen und Plätze tief unten strahlen große Ruhe aus. Sie erzählen von der abwechslungsreichen Geschichte der Algarve – auf einem gemütlichen Spaziergang mit romantischen Einkehrmöglichkeiten.

Phönizier, Griechen und Römer hatten hier bereits einen Handelsplatz namens Ossonoba eingerichtet. Nach der Eroberung durch den Maurenfürsten Ben Said im Jahr 714 erlebte die Stadt einen kulturellen und wirtschaftlichen Aufschwung. Auch der bis heute gültige Name entstand. Nach einigen Lautverschiebungen wurde aus Harúm, dem Namen eines arabischen Herrschers, schließlich Faro. 1249 war der Ort der letzte auf portugiesischem Boden, der von den christlichen Truppen zurückerobert wurde. 1577 erfolgte die Ernennung zum Bischofssitz.

Glück und…

Störche bringen Glück und warmes Wetter. Zumindest in historischen Fabeln und mittelalterlichen Gedichten. Liegt in den Überlieferungen wenigstens ein Körnchen Wahrheit, dann finden Urlauber im historischen Zentrum von Faro beides im Überfluss. Schon das Stadttor bewachen sie von ihrem Nest hoch oben auf dem Glockenturm. Der **Arco da Vila** 1 wurde von dem Genueser Baumeister Fabri 1812 fertiggestellt. Die Marmorfigur des Thomas von Aquin über dem Portal bildet eine Reminiszenz an seine italienische Heimat. Der Torbogen führt in das historische Zentrum Vila Adentro, das noch vollständig von der mittelalterlichen Stadtmauer umgeben wird. Beim Durchschreiten sehen Sie rechts den größten arabischen Hufeisenbogen in der Algarve.

Rund um die Hauptstadt Faro

... bittere Enttäuschung

Nichts mehr ist vom geschäftigen Trubel außerhalb der Stadtmauern zu spüren. Selbst das Gebäude der Kriminalpolizei an der Gasse aufwärts hinterlässt mit seinem gekachelten Eingang einen friedlichen Eindruck. Nach wenigen Schritten ist der zentrale Platz **Largo da Sé** erreicht. Großzügig, weitflächig und von Orangenbäumen eingerahmt. Die Mauren hatten die Zierbäume aufgrund ihres lieblichen Blütendufts an öffentlichen Orten angepflanzt. Doch Achtung: Der Biss in eine heimlich geerntete Frucht bringt nur bittere Enttäuschung – es handelt sich um Pomeranzen!

Gleich links ist in einem klassizistischen Gebäude das **Rathaus** [2] untergebracht. Gegenüber laden die Tische und Stühle der Snackbar **Cidade Velha** [1] zu einem Kaffee und Imbiss ein.

Im **Paço Episcopal** [3], einem schlichten Renaissance-Palast aus dem frühen 17. Jh. an der Stirnseite des Platzes, residieren die Bischöfe von Faro. Auch hier gibt es Kacheln, doch leider sind die reich ausgeschmückten Innenräume nur im Rahmen von Kunstausstellungen zugänglich. Sollte sich die Gelegenheit ergeben, nutzen Sie sie, selbst wenn die eigentliche Ausstellung vielleicht gar nicht so interessant ist.

Aufregende Zeiten

Die **Kathedrale Sé** [4] erlebte aufregende Zeiten. Wie fast alle Kirchen an der Algarve ist sie auf den Grundmauern einer Moschee erbaut. Doch 1596 wurde das Gotteshaus zunächst durch Angriffe englischer Seetruppen zerstört, 1755 dann vom Erdbeben. Man baute sie wieder auf, fügte hier etwas hinzu und nahm dort etwas weg und so entstand ein Sammelsurium von Baustilen – was heute durchaus seinen Reiz hat.

Im Inneren birgt die Bischofskirche einige Schätze: wunderschöne Goldarbeiten am Hauptaltar und in den Seitenkapellen. Kurios wirkt eine Kapelle links am Eingang, die der »Nossa Senhora do Rosário dos Pretos«, der hl. Jungfrau des Rosenkranzes der Schwarzen geweiht ist. Zwei schwarze Figuren halten die Weihrauchgefäße, denn einst beteten hier freigelassene afrikanische Sklaven. Ungewöhnlich ist auch die von dem Deutschen Johann Uhlenkamp zu Beginn des 18. Jh. erbaute und wenig später orientalisch bemalte Orgel. Im angrenzenden Kirchhof versteckt sich eine kleine Knochenkapelle.

Das Leben der Fischer

Schauen Sie einmal auf die Hausdächer. Viele werden von kleinen Türmchen bekrönt, auch das langgestreckte Gebäude der Diözesanverwaltung gegenüber der Kathedrale. Es handelt sich um Ausgucke der Fischhändler. In den Zeiten vor Funk und Mobiltelefon zeigten die Fischer bei der Einfahrt in den Hafen mit farbigen Flaggen die Qualität und Quantität des Fanges an. Der Handel konnte schon vor dem Löschen der Ladung beginnen.

Ihr Material verwahren die Fischer noch heute in Hütten direkt vor der Stadtmauer – übrigens ein schönes Plätzchen mit Blick über die Lagune und ein paar Bänken um eine Windrose. Der Weg dorthin führt vom südwestlichen Ende des Platzes durch das schmale Stadttor **Porta Nova** [5]. Unweit des Tores liegt eine urige Werkstatt, in der historische Kacheln restauriert und verkauft werden.

Viertel der kleinen Leute

Vom Platz der Kathedrale führt die Rua do Arco in eine einfachere Wohngegend ohne großartige Bauwerke. Mal zieren bunte Pflanzen die Hauswand, mal hängt die Wäsche auf der Leine. Sympathisch. Wenn Sie einer namenlosen

8 | Altstadt von Faro

Gasse durch einen Torbogen und dann nach rechts folgen, stehen Sie plötzlich auf einer Aussichtsplattform mit schönem Blick über das Haff. Hier ist der Weg zu Ende, es geht zurück und dann in der Rua do Trem an der, allerdings bescheidenen, städtischen Kunstgalerie vorbei zum Largo do Castelo. Bei schönem Wetter fällt die Terrasse der einfachen **Taberna Modesta** 2 ins Auge. Schräg gegenüber versteckt sich Faros Spitzenrestaurant **Faz Gostos** 3 unter den Gewölben eines historischen Stadthauses.

Museu Municipal de Faro 6

Am Faz Gostos vorbei geht es durch die Rua do Castelo auf den nächsten Altstadtplatz, die Praça Afonso III. Ein übergroßes Standbild zeigt den christlichen Rückeroberer von Faro. Doch das Aussehen des Platzes wird durch das ehemalige Klarissenkloster bestimmt. Zu Beginn des 16. Jh. wurde es auf Grundstücken von Juden errichtet, die die Inquisitionsgerichte aus dem Land gejagt hatten. Abweisend wirkt das Gebäude mit Sehschlitzen für die dem irdischen Leben abgewandten Nonnen. Der Besuch lohnt dank des stimmungsvollen doppelstöckigen Kreuzgangs aus dem 16. Jh., einer privaten Gemäldesammlung aus dem 19. Jh. und nicht zuletzt wegen einer Sammlung archäologischer Funde aus der Region. Hervorzuheben ist ein raumfüllendes römisches Mosaik. Es zeigt den Kopf des Okeanos. Sein Gesicht unter aufgewühltem Haar erinnert an afrikanische Masken.

Jenseits der Altstadtmauer

Am Torbogen **Arco do Repouso** 7 soll sich das christliche Heer 1249 von den Strapazen der Eroberungsschlacht erholt haben. Ein Kachelbild zeigt den ruhenden König Afonso und die Entgegennahme der Schlüssel. Die kleine Kapelle wurde im 18. Jh. errichtet.

Der Largo de São Francisco bildet den größten innerstädtischen Parkplatz, besitzt aber auch ein kunsthistorisches Kleinod. Der Innenraum der Franziskanerkirche **Igreja de São Francisco** 8 aus dem 17. Jh. ist vollständig mit »gebrannten Gobelins« aus Kacheln ausgekleidet.

Infos
Kathedrale 4: Mo–Fr 10–18, im Winter bis 17, Sa, 10–13 Uhr, 3 €
Museu Municipal 6: Di–Fr 10–18, Sa, So 10.30–17 Uhr, im Sommer jeweils 1 Std. länger, 2 €
Igreja de São Francisco 8: unregelmäßig, meist ab 17 Uhr, Eintritt frei

Speis und Trank gut
Die Snackbar **Cidade Velha** 1 (Toasts und Salate) liegt am Rathaus. In der **Taberna Modesta** 2 mit Terrasse auf dem Largo do Castelo wird frischer Fisch vor den Augen des Gastes gegrillt (tgl., ca. 12 €). Außerdem gibt es zahlreiche Terrassencafés. Das Restaurant **Faz Gostos** 3 in der Rua do Castelo 13 reicht z. B. Blätterteigpastete vom Rebhuhn mit Pilzsauce, allerdings mit Preisen um 20 €. Attraktiv ist das Mittagsmenu für etwa 15 € (Sa mittags und So ganztägig geschl.). Auf dem hinteren Teil des Largo da Sé laden die **Taverna da Sé** 4 und das **Café Bom Gordo** 5 zu Kaffee und Cocktails.

Ausgelassen feiern
Zum **Stadtfest** am 5./6. September verwandelt sich der Kirchplatz in eine Freilichtbühne. Mitte Oktober wird auf dem Largo de São Francisco die **Feira de Santa Iria** abgehalten, eine Kirmes mit Markt.

71

Museu Marítimo Almirante Ramalho Ortigão 14

Mo–Fr 9.30–12.30, 14.15–17 Uhr, 1 €
Neben Gerätschaften zum Fischfang zeigt das Seefahrtmuseum am westlichen Rand des Bootshafens originalgetreue Nachbildungen der portugiesischen Karavellen. Vasco da Gamas Schiff »São Gabriel« wirkt wie eine Nussschale – mit der sich der Seefahrer auf die Weltmeere wagte.

Übernachten

Mit Panorama – Eva 1: Av. da República, 1, Tel. 289 80 33 54, www.tdhotels.pt, ab 100 €. Von außen nicht gerade eine Augenweide, aber viele Zimmer und die Dachterrasse mit Pool bieten ei-

Faro

12 Igreja de São Pedro
13 Igreja do Carmo
14 Museu Marítimo Almirante Ramalho Ortigão

Übernachten
1 Eva
2 Algarve
3 Adelaide

Essen und Trinken
1 Cidade Velha
2 Taberna Modesta
3 Faz Gostos
4 Taverna da Sé
5 Café Bom Gordo
6 Taska
7 Fim do Mundo
8 Adega Nova
9 Pastelaria Gardy

Sehenswert
1 Arco da Vila
2 Rathaus
3 Paço Episcopal
4 Kathedrale Sé
5 Porta Nova
6 Museu Municipal
7 Arco do Repouso
8 Igreja de São Francisco
9 Jardim Manuel Bivar
10 Rua de Santo António
11 Museu Etnográfico Regional do Algarve

Einkaufen
1 António Manuel
2 Garrafeira Rui
3 Markthalle

Ausgehen
1 Ché
2 Património
3 Likidus
4 Os Artistas

Sport und Aktivitäten
1 Radverleih
2 Fähre
3 Bootsfahrten

nen wunderschönen Blick über Hafen und Haff.
Angenehm – **Algarve** 2: Rua Infante Dom Henrique, 52, Tel. 289 89 57 00, www.residencialalgarve.com, 44–70 €. 40 unterschiedlich große, funktional eingerichtete Zimmer – schlicht und gut.
Einfach gut – **Adelaide** 3: Rua Cruz dos Mestras 9, Tel. 289 80 23 83, www.adelaideresidencial.net, 35–50 €. Einfache, familiäre Pension.

Essen und Trinken
Algarvianisch – **Taska** 6: Rua do Alportel, 38, So geschl., mittags ab 6 €, sonst um 10 €. Kleines Restaurant mit algarvianischer Küche, z. B. *xarém rico*, Maisbrei mit Garnelen und Muscheln.

Rund um die Hauptstadt Faro

Bodenständig – **Fim do Mundo** [7]: Rua Vasco da Gama, 53, Mo abends und Di geschl., ab 5 €. Berühmt sind die Grillhähnchen und toll ist der Terrassenbetrieb im Sommer.

Rustikal – **Adega Nova** [8]: Rua Francisco Barreto, 24, So geschl., ab 6,50 €. Große Auswahl an regionalen Gerichten, auch Vegetarisches. Man sitzt an langen Tischen.

Gebäck und Kuchen – **Pastelaria Gardy** [9]: Rua de Santo António, 18, So geschl. Die besten Backwaren von Faro werden auch auf der Terrasse zur Fußgängerzone serviert.

Einkaufen

Die Fußgängerzone rund um die Rua de Santo António ist ein fußläufiges Einkaufsparadies mit Boutiquen, Souvenirläden und Bekleidungsgeschäften.

Designermode – **António Manuel** [1]: Rua de Santo António, 25. Modisches zu höheren Preisen. Gegenüber betreibt der Chef eine Filiale von Hugo Boss.

Weine und Delikatessen – **Garrafeira Rui** [2]: Praça Ferreira de Almeida 28. Große Auswahl an einheimischen Produkten, viele Port- und Qualitätsweine.

Obst und Gemüse – **Markthalle** [3]: Largo Dr. Francisco Sá Carneiro, tgl., moderne Halle mit Supermarkt im Untergeschoss.

Ausgehen

Zahlreiche Bars und Discotheken verstecken sich in der Rua do Conselheiro Bivar und Rua do Prior, etwa **Ché** [1], **Património** [2] und **Likidus** [3].

Kulturell – **Os Artistas** [4]: Rua do Montepio 10, www.artistasfaro.blogspot.com. Konzerte unterschiedlicher Stilrichtungen, Ausstellungen, Filme.

Sport und Aktivitäten

Radverleih – **Rent a bike** [1]: Praça Dr. Francisco Gomes, tgl. 10–17 Uhr. Einfache Fahrräder an einem Stand am Sporthafen.

Auf die Insel – **Ilha Deserta** [2]: Cais da Porta Nova, www.ilha-deserta.com. Viermal täglich geht eine Fähre auf die unbewohnte Insel Deserta mit ihren langen Sandstränden; es gibt nur ein Restaurant auf der Insel.

Durch's Haff – **Formosamar** [3]: Doca de Recreio, o. Nr., Tel. 289 81 74 66, www.formosamar.pt, Bootsfahrten durch die Ria Formosa inkl. Vogelbeobachtung.

Infos und Termine

Touristeninformation: Rua da Misericórdia, 8–11, Tel. 289 80 36 04, tgl. 9.30–19, im Winter nur Mo–Fr bis 17.30 Uhr und zuweilen mit Mittagspause

Anreise: Faro liegt an der Bahnlinie von Vila Real Santo António nach Lagos und Lissabon (www.cp.pt). Gute Busverbindungen in die gesamte Algarve.

Parken: Av. da República und Largo de São Francisco (gratis)

Praia de Faro ▶ H 6

Der lange, behindertengerechte Sandstrand südlich des Flughafens ist mit den Bussen Nr. 14 und 16 zu erreichen. Restaurants und Cafés säumen die außer im Sommer fast menschenleere Küste. Ein Spazierweg führt teils über Holzstege durch die Dünen. Direkt am Meer sitzt man bei Kaffee oder Fisch vom Grill im **Restaurant/Café Zé Maria,** Av. Nascente, 18 (Mo geschl.).

Almancil ▶ H 5

So gesichtslos das Städtchen mit seinen etwa 3000 Einwohnern wirkt, so berühmt ist es. Dafür sorgen eine barocke Kirche, ein Kunstzentrum und die roten Felsstrände an der Küste.

Loulé

Igreja São Lourenço de Matos
Mo–Fr 10–13.30 u. 14.30–17.30, Sa nur vormittags., So ab 14.30 Uhr, 2 €
Das Gotteshaus auf einem Hügel, 3 km in Richtung Faro, ist dem Märtyrer Laurentius geweiht. Er endete im 3. Jh. auf dem Scheiterhaufen, weil er Geld für einen Kirchenbau an die Armen verteilt hatte. Zu seinen Ehren wurde im 17. Jh. die Kapelle vom Boden bis in die Kuppel mit Azulejos des Künstlers Policarpo de Oliveira Bernardes bedeckt. Sie zeigen das Schicksal des Heiligen als barocke Bildergeschichte. Sehenswert sind auch die Goldschnitzereien des Altars.

Centro Cultural de São Lourenço
www.centroculturalsaolourenco.com, Di–So 10–19 Uhr, Eintritt frei
In der Galerie unterhalb der Kirche herrscht ein internationales Flair. Besonders schön ist der Skulpturengarten. Es gibt Ausstellungen, sporadische Konzerte und Dichterlesungen.

Vale do Lobo
Mit einem Naturwunder wartet der Strand des Luxusresorts auf. Lehmerde, Muscheln und Kalkstein haben sich zu 20 m hohen Felsen verfestigt. Kilometerweit können Sie spazieren, ein Bad im Meer nehmen oder in einem der (teuren) Strandcafés und -restaurants einkehren.

Übernachten
Klassischer Luxus – **Quinta do Lago:** Quinta do Lago, Tel. 289 35 03 50, www.quintadolagohotel.com, ab 270 €. Eines der edelsten Hotels der Algarve in unmittelbarer Nähe von sieben Golfplätzen und dem Naturpark.

Essen und Trinken
Über roten Felsen – **Papagaio:** Praça Vale do Lobo, Tel. 289 35 33 57, tgl. 10–3, im Winter 10–17 Uhr. Traumhafter Platz über dem Strand, bei Kaffee, Cocktails, Snacks (ab 5 €), Salaten oder Meeresfrüchten.

Sport und Aktivitäten
In Quinta do Lago – Im Lagunengebiet von Quinta do Lago befinden sich mehrere **Vogelbeobachtungsstationen.** Vom Parkplatz führen zwei **Wanderwege** durch die Lagune. Bekannt ist Quinta do Lago als **Golfzentrum,** u. a. mit dem Golfplatz San Lorenzo.

Loulé ► H 5, Cityplan S. 78

Das von Landwirtschaft und Handel geprägte Loulé, 20 km nördlich von Faro zwischen fruchtbaren Hügeln gelegen, galt jahrhundertelang als Handwerkszentrum. Doch die traditionellen Berufe sterben allmählich aus. Für die Versorgung der Küstenregion aber bleibt das Städtchen mit 18 000 Einwohnern weiterhin wichtig, auch dank des größten Marktes der Region (direkt 9 | ▶ S. 76). Die pittoreske Altstadt durchziehen schmale, teilweise autofreie Gassen. Manche Häuser tragen kunstvoll verzierte Kachelbordüren im Jugendstil.

Kastell und Stadtmuseum [2]
Mo–Fr 9–17.30, Sa 10–14 Uhr, 1,10 €
Viel ist vom *castelo mouro* nicht mehr zu sehen, doch führt eine Treppe auf einen mächtigen Wehrturm mit Sicht bis zum Atlantik. Im Aufgang ist eine ländliche Küche nachgebaut, mit einer steinernen Maismühle. Im angeschlossenen Archäologischen Museum sind Fundstücke aus Loulé und Umgebung unter arabischen Gewölben ausgestellt.

Igreja Nossa Senhora da Conceição [3]
Mo–Fr 14–17.30, Sa 10–14 Uhr
Die kleine Kapelle vor dem ▷ S. 78

9 | Ein arabischer Traum – die Markthalle von Loulé

Cityplan: S. 78

Tausendundeine Nacht in der Algarve – dies scheinen sich die Erbauer der maurisch inspirierten Markthalle gewünscht zu haben, die 1908 das Stadtbild von Loulé grundlegend verändern sollte – und den Alltag der Einwohner, die nun an einem zentralen Ort einkaufen konnten. Sogar die Stadtmauer wurde dafür abgerissen.

Märkte wurden seit dem Mittelalter im Allgemeinen unter freiem Himmel oder in offenen Hallen abgehalten. Mit der Industrialisierung und der Arbeiterbewegung rückte schließlich die gesellschaftliche Verantwortung für die Volksgesundheit in den Vordergrund. Aus hygienischen Gründen entstanden überall in Europa ab Mitte des 19. Jh. geschlossene Markthallen.

In Loulé träumte man sich das Schlaraffenland exotisch-arabisch. Das entsprach dem Zeitgeist, der sich etwa auch im Arabischen Café in Düsseldorf oder im Wiesbadener Café Orient niederschlug. Die **Markthalle** [1] von Loulé trägt vier Ecktürme mit leuchtend roten Zwiebeldächern, die vom islamischen Halbmond bekrönt werden. Kachelbordüren schmücken die Eingänge.

Davor versammeln sich zu jeder Tageszeit alte Männer. Sie stehen hier,

9 | Markthalle von Loulé

wie sie schon immer hier standen. Nur der Anlass hat sich geändert. Einst waren es die Tagelöhner, die sich in der Morgendämmerung an den zentralen Plätzen in der Hoffnung auf einen Job einfanden. Heute wird geratscht. Hauptgesprächsthemen: Rentenkürzungen, Benfica Lissabon und Cristiano Ronaldo.

Übrigens: Samstags ist auf einem **Bauernmarkt** in den umliegenden Gassen besonders viel los. Montags ist dagegen Fisch rar, da am Wochenende nur wenige Schiffe raus aufs Meer fahren.

Gemüse, Obst, Trockenfrüchte

Etwa 100 Verkaufsstände zählt die ebenerdige Halle. Im hinteren Drittel sind die Fischhändler, am Rande die Metzger, im Zentrum die südländisch farbenfrohen Obst- und Gemüsestände. Verführerisch zeigt Dona Maria auf die saftigen Orangen. Wollen Sie nicht ein Kilo mitnehmen? Maria steht schon seit 18 Jahren hinter ihrem Stand. Fröhlich blicken ihre dunklen Augen auf die Kunden. Es macht ihr sichtlich Spaß. Den Frauen wurde sogar ein eigenes Denkmal gesetzt, rechts neben der Halle in Bronze gegossen.

Appetitlich angeordnet sind Süßkartoffeln, Auberginen, Knoblauch, Karotten, Rüben, Tomaten. Darüber hängen die knallroten Chilischoten *piri piri*, ein scharfes Mitbringsel für die heimische Küche. Sie würzen Saucen und Eintöpfe. Die Haut von Grillhähnchen wird mit Piri-Piri-Öl eingerieben.

Früher waren Gemüseeintöpfe die tägliche Mahlzeit der kleinen Leute. Die Zutaten füllen die Säcke am Nachbarstand: getrocknete Kirchenerbsen und Bohnenkerne. Ihr hoher Eiweißgehalt ersetzte Fisch und Fleisch.

Marzipan & Co.

Die nächste Auslage spricht die Süßmäuler an. Bunte Früchte liegen auch hier, aber aus Marzipan. Daneben mit Feigen gespickte Mandeln. Und Queijo de Figo, wörtlich übersetzt: Feigenkäse. Die jeweils gleiche Menge gerösteter Feigen und Mandeln wird mit Zucker, Kakaopulver, Zimt und ein wenig Wasser gemischt und erhitzt. Die süße Köstlichkeit ähnelt in Form und Konsistenz einem halbweichen Schafskäse.

Fische und Muscheln

Fische werden lautstark im hinteren Teil der Halle angepriesen. Natürlich Sardinen, dann lange, silbern glänzende Degenfische, der schmackhafte Seeteufel und viele Brassen, etwa die *dourada*, die Goldbrasse. Frisch ist der Fisch dann, wenn er nicht nach Fisch riecht. Wenn er aus dem Wasser kommt, duftet er nach Meer. So einfach ist das. Nach dem Kauf werden die Fische von den Marktfrauen geschuppt und ausgenommen. Kaum eine Minute dauert das. Tintenfisch wird kräftig geschlagen, damit er zart wird. Aufgepasst: Die Muscheln bleiben im Wasser lebendig. Und sie verspritzen es hin und wieder.

Vom Markt auf den Tisch

Ins Restaurant **Flor da Praça** 4 neben der Halle (Rua José Fernandes Guerreiro, 44) gehen auch Einheimische, um die deftigen Gerichte und Grillfische zu genießen. Laut wird es bei der Übertragung von Fußballspielen. Hauptspeisen ab 7 €.

Infos

Öffnungszeit: Mo–Sa vormittags von 9–14 Uhr

Loulé

Sehenswert
1 Markthalle
2 Kastell und Stadtmuseum
3 Igreja Nossa Senhora da Conçeicão
4 Igreja Matriz de São Clemente

Übernachten
1 Loulé Jardim Hotel

Essen und Trinken
1 A Moagem
2 atelier do bacalhau
3 Calcinha
4 Flor da Praça

Einkaufen
1 Rua 5 de Outubro
2 Rua da Barbacã
3 Casa Louart

Kastell verbirgt hinter einem eher schlichten Äußeren einen kunsthistorischen Schatz. Sowohl der vergoldete Altar als auch die 300 Jahre alten Azulejos sind einen Blick wert. Sie erzählen den Lebensweg Marias. Unter Glas: die Fundamente eines arabischen Stadttors.

Igreja Matriz de São Clemente 4
unregelmäßig geöffnet
Die Pfarrkirche aus dem 14. Jh. erhielt nachträglich Renaissance-Altäre und schöne Azulejos. Kurios: Das frühere Minarett ist heute der Kirchturm. Vom benachbarten Garten mit Palmen genießt man einen weiten Blick u. a. auf die Capela Nossa Senhora da Piedade mit charakteristischer Rundkuppel.

Capela Nossa Senhora da Piedade
2 km westlich Richtung Boliqueime
Ein Einwohner Loulés, der in die USA ausgewandert und dort zu Wohlstand gekommen war, stiftete das Gebäude.

Loulé

Die kleine Kapelle davor ist immer voller Blumen und Bittgaben. Sie wurde im 16. Jh. erbaut und ist der Himmelskönigin Mãe Soberana gewidmet, einer lebhaft verehrten Volksheiligen.

Übernachten
Im Stadtpalast – **Loulé Jardim Hotel** 1: Praça Manuel de Arriaga, 23, Tel. 289 41 30 94, www.loulejardimhotel.com, ab 50 €. 52 moderne Zimmer, ein kleiner Pool auf dem Dach mit wunderschöner Aussicht, ruhig und angenehm.

Essen und Trinken
Traditionell – **A Moagem** 1: Rua Maria Campina, 37 A, Tel. 289 42 54 18, So Ruhetag, ab 9 €. Schöne Vorspeisen und südportugiesische Spezialitäten wie Wildschwein, Kaninchen oder Maisbrei mit Seezunge.
Stockfisch – **atelier do bacalhau** 2: Rua São Paulo, 27, Tel. 289 41 46 24, Sa mittags und So geschl., um 12 €. Umgeben von dekorativen Fischereiutensilien gibt es Stockfisch, Bacalhau.
Café mit Patina – **Calcinha** 3: Praça da República, 67, Sa nachmittag und So geschl. Das Traditionscafé mit leckerem Gebäck ist ein Muss für alle Kaffeehausfreunde.

Einkaufen
Einkaufsmöglichkeiten für den Alltagsbedarf und Kleidung findet man in der Fußgängerzone **Rua 5 de Outubro** 1. In der **Rua da Barbacã** 2 werden Handwerksprodukte wie Taschen, Matten und Hüte aus Palmblättern und Esparto-Gras, Leuchter, Ölkannen, Krüge und Kupferpfannen verkauft.
Porzellanwerkstatt – **Casa Louart** 3: Largo Dom Pedro I, 15 (nahe Kastell). Der Künstlerin Teresa de Jesus kann man beim Bemalen von Tellern, Tassen und Schalen zusehen – farbenfroh und ohne Kitsch.

Allerlei – **Wochenmarkt:** Samstags am westlichen Stadtrand, ein bunter Anblick, aber in den meisten Geschäften Loulés sind die Artikel billiger.

Sport und Aktivitäten
Radtouren: Loulé ist ein Radzentrum mit eigener Profimannschaft. Rennradler lieben die kurze, bergige Runde Loulé – Barranco do Velho – São Brás – Loulé (48 km). Noch schöner geht's über Barranco do Velho nach Cachopo, zurück über Tavira (ca. 121 km, bergig!).
Reiten – **Quinta do Azinheiro:** Aldeia da Tôr (▶ H 4, ca. 5 km nördl.), Tel. 289 41 59 91. Ausritte durch das Hinterland, auch Nachttouren.
Wanderausflug – Ein Wanderweg führt rund um das Dörfchen Aldeia da Tôr. Nach heftigen Regenfällen nicht möglich.

Infos und Termine
Touristeninformation: Av. 25 de Abril, 9, Tel. 289 46 39 00, Di–Fr 9.30–17.30, Sa, Mo 9.30–13, 14–17.30 Uhr
Busse: häufig nach Faro und mehrmals tgl. nach Almancil und Albufeira
Fasching: Von Samstag bis Montag verwandelt sich Loulé in einen ausgelassen feiernden Hexenkessel mit Umzügen nach brasilianischem Vorbild, wenn auch viel bescheidener.
Ostern: Mãe Soberana. An der Kapelle Nossa Senhora da Piedade findet die größte Prozession der Algarve statt, wenn die Statue der Himmelskönigin (16. Jh.) am Ostersonntag den Berg hinunter und zwei Wochen später im Laufschritt wieder hinauf getragen wird.
Ende Juni: Festival Mediterrâneo. Hochkarätig besetztes Musikfest in der Altstadt
Juli: Festival Internacional de Jazz. Stars der Szene und Newcomer spielen vor historischer Kulisse.

Rund um die Hauptstadt Faro

São Brás de Alportel
▶ J 5, Cityplan S. 83

Treffend bezeichnet sich das einstige Zentrum der Korkindustrie trotz seiner 10 000 Einwohner als Nest zwischen Ozean und Bergen. Der alte Stadtkern zieht sich südlich der N 270 bis an den Hang, der sanft zum Meer abfällt. Über 1480 m führt die gepflasterte **Calçadinha** 2 hinab, die einst Teil des römischen Wegenetzes war. Hauptsehenswürdigkeit allerdings ist das **Museu do Trajo do Algarve** (direkt 10) S. 81).

Essen und Trinken
Urig – **Adega Nunes** 1: Machados, 3 km südl. Richtung Faro, Tel. 289 84 25 06, So. geschl., Deftige Speisen ab 8 €. Eine Weinkelterei wurde in einen beliebten Landgasthof umgewandelt.

Sport und Aktivitäten
Wandern – Unter den rund um São Brás angelegten Wanderwegen ist der 9 km lange PP 1 besonders schön. Ausgangspunkt ist Mesquita, ca. 3,5 km in Richtung Tavira (▶ J 5). Auskünfte in der Touristeninfo.

Infos
Touristeninformation: Largo de São Sebastião, 23, Tel. 289 84 31 65, Mo–Fr 9.30–13, 14–17.30 Uhr
Busse: mehrmals tgl. nach Faro, selten nach Loulé

In der Umgebung
In **Santa Catarina da Fonte do Bispo** (▶ J/K 5, ca. 9 km, N 270) gibt es jeden 4. Sonntag im Monat einen großen Markt. In der Umgebung des Orts sind mehrere Wanderwege angelegt.

In **Sítio do Bemparece** (▶ J 3, ca. 20 km nördlich von São Brás de Alportel) bietet das Restaurant **Cantinho da Serra** leckere Hausmannskost, etwa Wildschwein- oder Hirscheintopf (Tel. 281 97 15 57, Mo geschl., ab 7 €).

Estói ▶ J 5

Die größte Attraktion des Dörfchens (600 Einw.) ist der Palast des ehemaligen Grafen von Estói. Im Sommer füllen Ausflügler die einfachen Cafés am hübschen Dorfplatz. In unmittelbarer Ortsnähe liegen die **Ruinen von Milreu** (direkt 11) S. 84), eine bedeutende Funstätte aus römischer Zeit.

Palácio de Estói
Der romantische Palast versteckt sich hinter einem verwunschenen Garten mit alten Bäumen, Brunnen, kachelgeschmückten Freitreppen, einem alten Musikpavillon und steinernen Statuen. Er wurde seit dem 19. Jh. mehrfach um- und ausgebaut, aber fast nie bewohnt. Inzwischen ist eine Pousada eingezogen. Auch Nicht-Gäste können die feudalen Salons besichtigen und den früheren Luxus bestaunen. Zusätzliche Attraktion: der Schlossgarten mit zahlreichen Pflanzen, gekachelten Wasserspendern und einem Skulpturenpark. Falls das Tor beim Ort geschlossen ist, nimmt man den oberen Zugang vom Hotel aus.

Übernachten
Im Grafenpalast – **Pousada:** Rua São José, o. Nr., Tel. 289 99 01 50, www.pousadas.pt, ab 200 €, häufig Sonderangebote. Exquisit wohnen in den 46 Zimmern des modernen Anbaus.

Infos und Termine
Bus: mehrmals tgl. nach Faro
Viehmarkt: Jeden 2. Sonntag im Monat. Ein großes und buntes Spektakel, bei dem es auch Obst, Gemüse und vielerlei Kleinkram zu kaufen gibt.

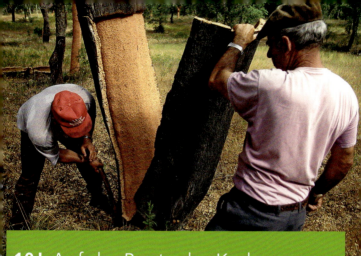

10 | Auf der Route des Korks – São Brás de Alportel

Cityplan: S. 83

Mittlerweile ist wissenschaftlich bewiesen: Es liegt an den Erbfaktoren der Bäume und der sauberen Luft, dass in den Bergen nördlich von São Brás de Alportel der reinste Kork weltweit wächst! Je weniger Poren er hat und je geringer die Umweltbelastung, desto höher die Qualität. Bleibt die Frage, wie er auf die Flasche kommt.

Eine erste Antwort erhält man im **Museu do Trajo do Algarve** 1 im Stadtpalast eines ehemaligen Korkhändlers. Hier nimmt eine organisierte Führung zur **Rota da Cortiça** ihren Ausgang. São Brás de Alportel war ein frühes Zentrum der portugiesischen Korkverarbeitung. Die attraktiven Herrenhäuser legen Zeugnis vom Wohlstand der Produzenten und Händler ab. Außer als Flaschenkorken fand die verarbeitete Korkrinde als Verschluss von Porzellangefäßen, in Federbällen, als Schwimmreifen und Bojen vielfache Verwendung. Aus dem Rohstoff werden Bienenkörbe, Trinkschalen und Bilderrahmen gefertigt. Und sehr gefragt ist er als ökologischer Baustoff.

Frühes Zentrum der Korkverarbeitung

Anfang des 20. Jh. existierten vor Ort 60 Manufakturen, in denen meist in Handarbeit die Rinde der Korkeiche zu Flaschenkorken verarbeitet wurde. Zu einer richtigen Industriestadt hat sich São Brás nie entwickeln können, dazu fehlten gut ausgebaute Straßen über die Berge und die Anbindung an die Bahnstrecke. Es mangelte an finanzkräftigen Investoren und an elektrischem Strom für große Maschinen, denn erst in den 1920er-Jahren wurde die Stadt elektrifiziert. So wanderten die Betriebe in weiter entwickelte Gegenden rund um Lissabon ab. Kleine Familienbetriebe blieben für jene zahllosen Arbeitsschritte zurück, die der Korkenproduktion vorausgehen.

Rund um die Hauptstadt Faro

> **Übrigens:** Kultur auch jenseits des Korks und der Trachten gibt's im Museum. Die rührigen *Amigos do Museu* veranstalten Kunstausstellungen, Fado- und Jazzkonzerte, zeigen Filme und halten Vorträge über verschiedene Aspekte des Lebens in der Region. Das Programm finden Sie unter www.amigos-museu-sbras.org (auch auf Deutsch).

Portugals Korkmonopol

Kork ist einer der wenigen Wirtschaftszweige, in denen Portugal die Nase vorn hat. 54 % aller Naturkorken weltweit werden hier produziert, konkret: 14 Mrd. jedes Jahr. Denn die Korkeiche findet günstige Wachstumsbedingungen in dem vom Meer beeinflussten Klima. Sie liebt Feuchtigkeit und ist empfindlich gegen Frost. Der mediterrane Baum wächst nur sehr langsam. Abhängig von der Dicke des Stammes erfolgt nach 25 bis 30 Jahren die erste Schälung (nur bis in geringe Höhe). Ausschließlich in den trockenen Sommermonaten zwischen Juni und September darf die Rinde geschält werden. Mit hoher Kunstfertigkeit trennt dafür der *tirador* (Abzieher) mit einem Beil die Rinde vom Stamm, ohne die dortige Membranhaut zu verletzen, die das Nachwachsen der Rinde garantiert.

Langsam nachwachsender Rohstoff

Rot leuchten die Stämme der frisch geschälten Eichen, auf die die letzte Ziffer des Schäljahres in weißer Farbe gepinselt wird. Die Markierung zeigt an, wann die nächste Schälung möglich ist. Denn es dauert mindestens neun Jahre, bis die Rinde wieder die dafür notwendige Dicke erreicht hat. Eine frühere Bearbeitung würde den Baum zerstören.

Ausreichende Qualität für einen Flaschenkorken liefert erst die dritte Schälung, bis dahin wird der Rohstoff zu Granulat verarbeitet. Denn der hohe Harzgehalt der vorangegangenen Schälungen würde den Weingeschmack beeinträchtigen. Da Korkeichen also eine Investition sind, die sich erst langfristig rechnet, bildeten die Anpflanzungen einst eine Art Generationenvertrag. Die Enkel profitierten und unterstützten mit den Gewinnen ihre bäumchenpflanzenden Vorfahren.

Vorbereitung und Verarbeitung

Damit sich das Harz verflüchtigt, werden die frischen Rinden zunächst zum Auslüften zu hohen Haufen gestapelt. Danach werden sie in großen Bottichen in Wasser oder Dampf gekocht. Sie gewinnen an Volumen und Schädlinge werden abgetötet. Nun erfolgen das Pressen zu einer Platte, der erste Zuschnitt und die Sortierung nach Qualität. In hochspezialisierten Korkenfabriken beginnt anschließend das Ausstanzen der Flaschenkorken, immer quer zur Rinde. Etwa 0,50 € kostet ein Naturkorken der besten Qualität, deutlich billiger sind die Korken aus geleimten Granulat, für das die Abfälle genutzt werden. Denn nichts wird bei der Verarbeitung des kostbaren Naturstoffes weggeschmissen.

Hightech-Produktion im Hinterland

Im Rahmen der Führung des Vereins Rota da Cortiça öffnen sich dem Besucher die Werkstore der hochmodernen **Korkfabrik Novacortiça.** Ehre wem Ehre gebührt! Nur der weltbeste Kork wird auserkoren, die Flaschen des edelsten aller alkoholischen Getränke zu verschließen, des Champagers. Dafür werden zwei etwa 6 mm dicke Korkscheiben an einen druck- und formstabilen Block aus Korkgranulat geleimt. In São Brás werden nur die Scheiben hergestellt und maschinell mit einem ultramodernen fotozellulären Erkennungsverfahren nach Qualität sortiert. Die höchste Stufe erhält die französische Kellerei Moet & Chandon, den Sack von 40 000 Scheiben für immerhin 2000 €. Die mittlere Qualität geht in die spanische Sektproduktion, während sich italienische Weinerzeuger mit der einfacheren Ware begnügen.

Infos
Museu do Trajo do Algarve [1]: Rua Dr. José Dias Sancho, 61, Tel. 289 84 01 00, www.museu-sbras.com, Mo–Fr 10–13, 14–17 Uhr, Sa, So 14–17 Uhr, 2 €. Trachtenmuseum mit großer Korkabteilung.
Rota da Cortiça: Rua Gago Coutinho, 18, Tel. 289 84 00 00 oder 960 07 08 06 (mobil), www.rotadacortica.pt. Besuch von Korkfabriken und Spaziergänge durch Korkeichenhaine, auch in Englisch, 15 €/20 € halb-/ganztägig.

Schöner Pausenort
In der Nähe eines hübschen Korkeichenhains liegt die Café-Konditorei **Tesouros da Serra** [2], berühmt für leckere Kuchen aus Mandeln, Johannisbrot und Feigen (nördl. der Pousada in Alportel, Sítio do Tesoureiro, Tel. 289 84 35 60).

Einkaufen
Aus neuartigen Korkverbindungen fertigt die Firma **Pelcor** [1] (Rua Padre Sena Neto, 48, www.pelcor.pt) u. a. Handtaschen, Schürzen und Regenschirme.

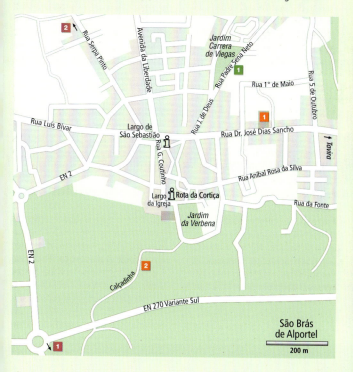

São Brás de Alportel
200 m

11 | Römisches Landleben vom Feinsten – Milreu

Karte: ▶ J 5 | **Anfahrt:** auf der N 2 Faro–São Brás de Alportel

- 2./3. Jh. n. Chr.
- 4. Jh. n. Chr.
- 6. Jh. n. Chr. - frühchristlich
- 16. Jh. n. Chr.

Zu bestaunen gibt es: Einen repräsentativen Gutshof aus dem 2. und 3. Jh., ausgedehnte römische Thermen und eine heidnische Kultstätte, die zu einer frühchristlichen Kirche umgestaltet wurde. Alles verziert mit Mosaiken und Marmor. So lebten wohlhabende Römer an der Algarve.

In den Schoß gefallen sind ihnen ihre iberischen Kolonien nicht gerade. Erst nach langen Kämpfen und der Ermordung des lusitanischen Freiheitskämpfers Viriatus 139 v. Chr. gewannen die Römer die Oberhand. Unter Kaiser Augustus wurde die Region ab 27 v. Chr. befriedet. Die Bevölkerungszahlen stiegen sprunghaft an. Für die Versorgung mit den Gütern des täglichen Bedarf wurden Weizen-, Wein- und Olivenanbau sowie die Viehzucht intensiviert.

Erschließung des Landesinnern

Ab dem 2. Jh. wurden die küstennahen Gebiete im Hinterland mit einem engen

Netz von Bauernhöfen, den *villae rusticae*, überzogen. Die Bauern lebten in kleinen Gebäuden inmitten der Felder. Ein Jahrhundert später zog es die städtischen Besitzer selbst auf ihre Ländereien. Sie ließen die Gebäude großzügig erweitern und luxuriös ausstatten. Die Villen verfügten nun über Wasserversorgung, Heizung und private Thermen. Böden und Wände waren mit Mosaiken überzogen oder mit Marmor verkleidet.

Wohnstätte einer bedeutenden Patrizierfamilie

Die römischen Ruinen von Milreu sind die am besten erhaltenen in der Algarve. Sie entstammen unterschiedlichen Bauepochen und bezeugen die Erweiterungen eines bescheidenen Bauernhofes zum luxuriösen Landgut. Zu den kostbaren Funden gehören ein marmorner Frauenkopf sowie drei Kaiserbüsten, die allerdings nur als Kopien im Eingangsbereich zu sehen sind. Diese Skulpturen aus dem 2./3. Jh. belegen, dass das weiträumige Anwesen von einer bedeutenden römischen Familie bewohnt wurde.

Rundgang durch die Ruinen

Eine gepflasterte Straße führt zum **Haupteingang** 1 der großzügigen Patriziervilla mit einer Schwelle aus weißem Marmor und zwei halbrunden Wasserbecken an den Seiten.

Hinter verschiedenen Nebenräumen betreten Sie das **Peristyl** 2. Der Säulengang umgab den zentralen Garten nebst rechteckigem Wasserbecken. Links davon breitet sich der **Thermenbereich** 3 mit unterschiedlichen Becken für kaltes, warmes und heißes Wasser aus. Auch Reste der niedrigen Ziegelbögen für die Fußbodenheizung sind zu erkennen. Wunderschöne Mosaike sind im kleineren Kaltbadebecken *(frigidarium)* erhalten. Die abgebildeten Fische erscheinen ungewöhnlich dick. Es handelt sich um einen optischen Trick des Künstlers, denn erst bei gefülltem Becken erhalten sie ihre normalen Proportionen.

An der östlichen Seite des Peristyls stehen noch zwei Säulenreste. Südlich wurden die Grundmauern eines älteren, bescheidenen Bauernhofes aus dem 2. Jh. freigelegt. Dessen Wohnräume gruppierten sich um ein enges **Atrium** 4.

Wandlung einer Kultstätte

Aus rotbraunem Mauerwerk ließ der Gutsherr im 4. Jh. in unmittelbarer Nähe einen **Tempel** 5 für eine Wassergottheit errichten. Ursprünglich war er vornehm mit Marmor und farbigen Fischmosaiken ausgekleidet. Säulen umgaben den Kultraum mit halbrunder Apsis. Mit der Einführung des Christentums als Staatsreligion wurde der heidnische Tempel im 6. Jh. in eine Kirche umgewandelt, was Reste eines frühchristlichen **Mausoleums** 6 und ein rechteckiges **Taufbecken** 7 belegen. Eine Tempelsäule mit arabischen Inschriften im Eingangsbereich lässt vermuten, dass dieser geheiligte Ort auch noch in islamischer Zeit als Friedhof und Gebetsstätte genutzt wurde. Im 10. Jh. stürzte die Kuppel ein und der Siedlungsplatz wurde schließlich aufgegeben. Erst sechs Jahrhunderte später errichtete ein neuer Gutsherr auf dem Gelände ein **landwirtschaftliches Gebäude** 8.

Infos
Öffnungszeiten: Di–So 9.30–12.30, 14–17 Uhr, Mai–Sept. bis 18 Uhr, www.cultalg.pt/milreu, Eintritt 2 €

Anfahrt
An der N 2, 10 km nördlich von Faro, 1 km westlich von Estói; Busse von Faro und São Brás de Alportel

Sandalgarve

Olhão ▶ J 6

Obwohl erst im 18. Jh. gegründet, wirkt Olhão (ca. 8000 Einwohner) wie *die* arabische Stadt der Algarve. Würfelförmige, weiß gekalkte Häuser mit winzigen Fenstern und Dachterrassen bilden das alte Zentrum nahe der Markthalle. In den modernen Vierteln sind die Kubenhäuser von neuzeitlichen, aber weniger an das Klima angepassten Häusern verdrängt worden. Olhão ist eine Fischerstadt durch und durch, das zeigen die lange Uferpromenade und der Fischmarkt. Rund um den Fischereihafen am östlichen Ortsausgang gibt es fischverarbeitende Industrie, während in der modernen Marina im Westen die Jachten vor Anker liegen und auf eine Hochhaussiedlung mit Luxushotel blicken.

Spektakuläre Bauwerke birgt die Altstadt nicht, doch ist es reizvoll, durch die Gassen zu flanieren und sich die beiden benachbarten Markthallen anzusehen. Zwischen dem Riesenangebot an schimmernden Fischen, duftenden Gewürzen und buntem Obst und Gemüse fühlt man sich wie in einem Basar.

Die Strände liegen auf den vorgelagerten Inseln Armona und Culatra (s. S. 91). Auf Culatra befindet sich ein kleines Fischerdorf mit Kneipen, aber ohne Hotel. Auf Armona gibt es viele Strandbuden, Fischgrills, einige Privatunterkünfte und einen Campingplatz (s. S. 15).

Die Lagunenlandschaft der Küste erschließt man sich im Parque Natural da Ria Formosa (direkt 12 ▶ S. 88).

Igreja de Nossa Senhora do Rosário
Mo–Fr 9–12, 15–17.30 Uhr, Kirche frei, Turmbesteigung 1 €
Fischer haben die Pfarrkirche an der zentralen Praça da Restauração im ausgehenden 17. Jh. aus eigenen Mitteln bauen lassen. Das Ergebnis ist ein Mix aus Barock und Rokoko. Vom Turm aus genießt man einen Rundblick erster Klasse über das Ensemble der Dächer.

Museu da Cidade
Di–Fr 10–12.30, 14–17.30, Sa 10–13 Uhr, Eintritt frei
Dem Gotteshaus gegenüber wurde ein Museum mit regionaler Kunst und archäologischen Exponaten eingerichtet. Im Zentrum der eindrucksvollen Ausstellung aber stehen der traditionelle Fischfang und andere, mittlerweile ausgestorbene Berufe aus der Region.

Capela Nossa Senhora dos Aflitos
Die Kapelle versteckt sich hinter der Pfarrkirche. Die Jungfrau, der sie geweiht ist, soll Wunder vollbringen und Menschen aus ihrer Bedrängnis *(aflitos)* befreien. Ganz besonders wichtig: Sie sorgt laut Volksglauben für die wohlbehaltene Rückkehr der Fischer von hoher See.

Übernachten
Mit Küchenbenutzung – **Bicuar:** Rua Vasco da Gama, 5, Tel. 289 71 48 16, www.pension-bicuar.net, ca. 40 € (ohne Frühstück). Einfache Zimmer, ruhig mit-

Olhão

ten in der Altstadt, es wird deutsch gesprochen. Mit kleiner Gemeinschaftsküche und Dachterrasse.

Auf dem Lande – **Pedras Verdes:** Sítio da Boa Vista, 658-T, Quelfes, Tel. 963 36 42 52 (mobil), www.pedrasverdes.com, ab 65 € (3 Nächte Minimum). Traumhaftes Landhaus nördlich von Olhão mit großem Garten, Pool und individuell eingerichteten Zimmern. Kritikpunkt: Menschen unter 18 sind nicht zugelassen.

Einfache Bungalows – **Parque de Bungalows da Ilha de Armona:** Strandinsel Armona, Tel. 289 71 41 73, www.orbitur.pt. Siedlung mit einfachen Holzbungalows (bis 7 Pers.) und relativ viel Schatten. Im Sommer ab ca. 56 €.

Essen und Trinken

An der Uferpromenade Avenida 5 de Outubro folgt ein Restaurant dem anderen. **O Bote** (Nr. 122) ist auch bei Einheimischen wegen seiner günstigen Fisch- und Meeresfrüchtegerichte beliebt, ab 7 €.

Zwischen den beiden Markthallen haben einige Terrassencafés mit attraktivem Blick auf die Lagune geöffnet. In der verkehrsberuhigten Rua do Comércio gibt es mehrere Traditionscafés, z. B. **Café A Chaminé**, Nr. 87. ▷ S. 91

Still und schön – illuminierter Platz im **nächtlichen** Olhão

12 | Durch den Naturpark – Ria Formosa

Karte: ▶ J 6 | **Anfahrt:** EN 125, 2 km östlich von Olhão Abzweig zum Centro de Educação Ambiental de Marim

Hätten Sie Lust, den Portugiesischen Wasserhunden tief in die Augen zu schauen, deren berühmtester Vertreter Bo zum amerikanischen Präsidentenhund aufstieg? Das ermöglicht eine Bootsfahrt durch das Feuchtgebiet. Ein Spaziergang führt Sie zu Purpurhühnern, Störchen, Kormoranen, Flamingos und Wattvögeln.

Das Lagunengebiet der Ria Formosa (Schönes Haff) bietet Schalentieren und Vögeln einen einzigartigen Lebensraum. Auf einer Fläche von etwa 15 000 ha reicht diese ökologische Oase von der Quinta do Lago im Westen bis Manta Rota im Osten. Starke Meeresströmungen schwemmten über Jahrhunderte hinweg Sand an und ließen Düneninseln entstehen. Zwischen dieser vorgelagerten Barriere und dem Festland bildete sich ein faszinierendes Labyrinth aus Salzwiesen, Kanälen, Wattflächen und Sandbänken – ideale Bedingungen zur Zucht von Garnelen und Muscheln, denn das seichte Wasser zieht sich bei Ebbe zurück und gibt den Zugang für die Muschelfischer frei.

Ein einzigartiger Lebensraum für Tiere

Das ruhige und flache Meer erwärmt sich schnell und verdunstet stark. Ein höherer Salzgehalt ist die Folge. Diese natürlichen Bedingungen machen aus der Ria Formosa eine Art Kinderstube für Fische wie Goldbrasse und Wolfsbarsch. Das große Fischvorkommen wiederum liefert Wasser- und Zugvögeln reichhaltige Nahrung. Ideales Überwinterungsgebiet ist die Lagune für viele Entenarten und Wattvögel, rosafarbene Flamingos und Graureiher, ganz zu schweigen von den Störchen. Das seltene schwarz glänzende Purpurhuhn findet in der Ria Formosa seinen einzigen Brutplatz in Portugal – und wurde zum Wappentier des Naturparks. Es lässt sich am ehesten, allerdings mit einiger Geduld, in den schilfbewachsenen Feuchtgebieten nahe der Quinta do Lago beobachten. Auch das aus Nordafrika stammende Chamäleon ist im Naturpark zuhause, in Europa findet man es sonst nur noch in Spanien und auf Kreta.

Die Algarveküste ganz wie früher

Die vielfältige Pflanzenwelt und traditionelle Techniken in der Fischerei und Landwirtschaft lernt der Besucher auf einem etwa 3 km langen Spaziergang kennen, der durch ein 60 ha großes Außengelände des Umweltbildungszentrums Quinta de Marim führt. Hinter dem Parkplatz geht es gleich rechts Richtung Meer. Der Weg wird links von einem Wald aus **Schirmpinien** [1] begrenzt, wie er für die Algarve charakteristisch war, in den Zeiten vor dem Touristenboom. Die **Fischzuchtbecken** [2] rechts dienen wissenschaftlichen Versuchszwecken. An der Küste ankert ein verwittertes Boot, das bis in die 1970er-Jahre auf Thunfischfang auslief.

Auf Holzstegen führt der Rundweg weiter durch die **Dünen** [3]. Deren Vegetation muss nicht nur dem nährstoffarmen Sandboden und dem starken Wind, sondern auch dem salzhaltigen Meerwasser standhalten und ist für die Befestigung der Düneninseln unverzichtbar.

Traditionelle Tätigkeiten

Bald ist die letzte von 30 **Gezeitenmühlen** [4] erreicht, die früher in der Ria Formosa klapperten. Zu der bis 1970 kommerziell genutzten Mühle gehörten die Wohnräume der Müllerfamilie und ein Pferdestall. Mit Hilfe des letzten Müllers wurde sie restauriert. Wie sie funktioniert? Das große Auffangbecken links füllt sich bei Flut allmählich mit Meerwasser. Bei Ebbe öffnet man die Schleusen und nutzt die Höhendifferenz. Das Wasser strömt mit großem Druck hinaus und treibt dabei die sechs Mühlräder an.

Vom Flachdach der Mühle weitet sich der Blick auf die vorgelagerten Inseln Armona und Culatra. Bei einem Gang über den Damm des Beckens lassen sich weitere Dünenpflanzen unter die Lupe nehmen. Zurück auf dem Festland stoßen Sie auf zwei **Beobachtungshäuschen für Vögel** [5]. Gerne zeigen sich die langbeinigen und langschnäbeligen Wattvögel. Und mit etwas Glück können Sie die Eleganz eines Flamingos oder eines Graureihers bewundern.

Zeugnisse der Vergangenheit

Bereits die Römer betrieben in diesem Küstenstreifen Fischfang. Aus dem Meerwasser gewannen sie Salz zur

> **Übrigens:** Es ist wahr, Portugiesische Wasserhunde gibt es wirklich. Bis zum Spielgefährten für amerikanische Präsidententöchter hat es einer von ihnen geschafft. Besucher können die pudelähnliche Rasse während einer Bootsfahrt durch die Ria Formosa gemeinsam mit der Züchterin Carla Peralta erleben. Die Tiere sind sehr gute Schwimmer und können bis zu 4 m tief tauchen. Einst übermittelten sie Nachrichten zwischen den Fischerbooten und retteten sogar manches Leben. Die Fahrt beginnt jeden Di und Do um 17 Uhr an der Schiffsanlegestelle in Olhão und dauert etwa anderthalb Stunden (Tel. 913 48 80 30, Mobil: 969 77 95 10, www.kingchamaeleon.com).

Sandalgarve

Konservierung der Fische und Verfeinerung ihrer Speisen. In den gemauerten **Tanks** 6 (1. Jh. n. Chr.) produzierten sie aus Salz, Kräutern und gegorenem Fisch die beliebte Würzsoße *garum* und beglückten damit das restliche Imperium.

An der nächsten Kreuzung geht es bei einer **Vogelpflegestation** 7 nach links. Am Wegesrand wachsen Kermeseichen und Zwergpalmen, Oleander an einem schmalen Abzweig nach rechts. Dahinter erblickt man bald eine imposante *nora*, ein von den Mauren im 12. Jh. eingeführter **Schöpfbrunnen** 8. Am Ende des Weges liegt das dazugehörige alte Bauernhaus.

Bedrohungen der Gegenwart

Das nahe Besucherzentrum beschreibt auf Überblickstafeln und einem Model das Ökosystem der Ria Formosa, das nicht nur durch touristische Großprojekte sondern auch durch die illegale Bebauung der Düneninseln gefährdet ist. Immerhin wurde inzwischen die Einleitung ungeklärter Abwässer ins Haff gestoppt. Doch mit der geplanten Erweiterung des Flughafens Faro steht schon die nächste Bedrohung vor der Tür.

Infos
Centro de Educação Ambiental de Marim: Tel. 289 70 02 10, Mo–Fr 9–17.30 Uhr, 2,50 €, ca. 2 km östlich von Olhão, Abzweig von der EN 125 ausgeschildert

Essen
Marisqueira Fialho 1: Der Besuch des Fischlokals in der Hafflandschaft etwa 10 km östlich lohnt dank der schattigen Terrasse gerade bei schönem Wetter. Spezialitäten des Hauses sind Muschelgerichte und köstlich gegrillter fangfrischer Fisch (Pinheiro, Abzweig von der EN 125 zwischen Olhão und Tavira, Tel. 281 96 12 22, Di–So 11–15, 19–22 Uhr, Mo und im Januar ist das Lokal geschlossen; Fisch gibt es ab 35 €/kg).

Moncarapacho

Zuverlässig – **Algarve:** Praça Patrão Joaquim Lopes, 18–20 (nahe der Markthalle), Tel. 289 70 24 70, So, teilweise auch Sa geschl., ab 9 €. Fisch, Meeresfrüchte und Fleisch vom Grill in familiärer Atmosphäre.

Lohnt einen Umweg – **Vai e Volta:** Largo do Grémio, Tel. 967 79 83 95 (mobil), nur Mittagessen von Di–Sa. Versteckt am östlichen Stadtrand (zwischen Av. da Liberade und Supermarkt Pingo Doce) gibt's für ca. 8,50 € inkl. Hauswein so viel gegrillten Fisch wie das Herz begehrt.

Einkaufen

Frisches – **Mercado:** Av. 5 de Outubro, Mo–Sa 9–13 Uhr, Sa mit zusätzlichem Bauernmarkt. Eine der schönsten Markthallen der Algarve, oder eigentlich gleich zwei: eine für Fisch, die andere für Obst und Gemüse, direkt nebeneinander.

Heimische Produkte – **Porta da Serra:** Mercado, Av. 5 de Outubro, Loja 103-A. Der winzige Laden an der Außenseite der Markthallen führt allerlei Delikatessen aus dem Hinterland: Liköre, Marmeladen, Honig.

Sport und Aktivitäten

Badeausflüge – Fähren steuern die Strandinseln Armona, Culatra und Ilha do Farol an. Abfahrt am Kai, ca. 300 m östlich der Markthallen. Nach Armona geht's im Sommer alle 1–2 Std., im Winter 4 x tgl., Dauer 15 Min. Nach Culatra und Ilha do Farol im Sommer 6 x tgl. (Juli, Aug. 7 x), im Winter 4 x tgl., Dauer 30 bzw. 45 Min.

Infos und Termine

Touristeninformation: Largo Sebastião Martins Mestre, 8 A, Tel. 289 71 39 36, Mo–Fr 9.30–13, 14–17.30 Uhr
Parken: an der Av. 5 de Outubro, im Westen kostenlos, rund um die Markthalle gegen Gebühr
Busse: gute Verbindungen in die Küstenorte Richtung Spanien und nach Faro
Zug: Bahnhof am nördlichen Rand der Altstadt
Festa da Culatra: Mitte Juli. Prozession auf See mit prächtig geschmückten Fischerbooten
Meeresfrüchtefestival: Mitte Aug. Im Park Pescador Olhanense werden Meeresfrüchte geschlemmt, dazu gibt es Live-Musik.
Feira São Miguel: Ende Sept. Fest zu Ehren des Patrons der Feigen, mit Kirmes und Markt. Spezialität sind mit Mandeln gefüllte Feigen; nach dem Fest darf jeder Feigen pflücken, wo er mag.

Moncarapacho ▶ J/K 5

Nahe der Küste und doch fernab der Touristenströme: Das ruhige, bäuerliche Dorf liegt zwischen Mandel- und Feigenbäumen und umgeben von unzähligen Gewächshäusern. Ein großer Teil der Gartenfrüchte der Algarve kommt aus der Region um Moncarapacho. Aufgrund der reizvollen Lage haben auch viele Deutsche alte Bauernhäuser erworben, schmuckvoll restauriert und in ihr Feriendomizil oder ihren Hauptwohnsitz verwandelt.

Igreja Matriz und Pfarrmuseum

Das Portal stammt aus der Zeit der späten Gotik. Das Innere ist mit Azulejos aus dem 17. Jh. und Wandmalereien geschmückt. Um in die Kirche zu gelangen, fragen Sie am besten im Museum. Vor dem Gotteshaus sind in einer kleinen Umzäunung archäologische Fundstücke ausgestellt. Zur Kirche gehört ein Pfarrmuseum mit alten Keramiken und religiöser Kunst (Mo–Fr 11–17 Uhr), das sich in einer Gasse ca. 200 m entfernt versteckt.

Sandalgarve

Übernachten
Auf dem Lande – **Casa da Calma:** Sítio do Pereiro (Richtung Santa Catarina), Tel. 289 79 10 98, www.casadacalma.com, ab 70 €. Die Holländerin Nicole Effenberg hat die acht Zimmer geschmackvoll eingerichtet.

Essen und Trinken
Steaks – **Colibri:** Rua Prior Simas, 14, Tel. 289 79 24 07, So geschl., ca. 12 €. Hier gibt's leckere Steaks vom schwarzen Schwein, auf dem Stein gebraten.

Einkaufen
Kaminkunst – **Olaria Moncarapachense:** Ortseinfahrt. Viele der berühmten Kamine kommen aus dieser kleinen Fabrik.

Infos und Termine
Großer Markt: jeden 1. So im Monat
Fasching: Umzüge am Wochenende
Ortsfest: 1. Wochenende im Okt., mit Markt und Musik

Fuseta ▶ K 6

Eine Hauptstraße, ein Dorfplatz, weiße Häuser mit Dachterrassen, verzierten Kaminen und einigen Runddächern – viel mehr gibt es in dem Fischerdorf Fuseta (alte Schreibweise: Fuzeta) nicht zu sehen. Aber da es trotz eines Campingplatzes weniger touristisch ist, bauen sich viele Portugiesen ihren Feriensitz an den Ortsrand. Umgeben ist das Dorf von seichten Salzseen, in denen durch Sonneneinstrahlung das ›Weiße Gold‹ gewonnen wird. In der Lagune werden Muscheln gezüchtet. Es gibt eine Handvoll Cafés und einfache Restaurants, die frische Muscheln servieren. Ein Paar Pubs sorgen für ein bescheidenes Nachtleben. Alles in allem: sympathisch.

Essen und Trinken
Algarvianisch – **Skandinávia:** Rua Tenente Barroso, 11, Tel. 289 79 38 53, Mi geschl., ab 9 €. Regionale Kost, vor allem Eintöpfe aus Fisch und Meeresfrüchten.

Infos
Verkehr: Bahnhof am Ortsrand, Busse nach Faro und Tavira.
Fährboote fahren vom winzigen Hafen zur vorgelagerten Sandbank (Bademöglichkeit).

Pedras d'el Rei ▶ K 5

Gut 5 km weiter führt die Küstenstraße nach Pedras d'el Rei, einer kinderfreundlichen Apartmentanlage (www.pedrasdelrei.com). Ein Spazierweg oder eine kleine Bimmelbahn durch das Haff führen zur **Praia de Barril**, die mit ihrem fast weißen Sand zu den schönsten Stränden der Algarve zählt. Alte Boote und zahllose Anker zur Befestigung der Netze sind Relikte des Thunfischfangs. In die alten Fischerhäuser sind Cafés und Restaurants gezogen.

Santa Luzia ▶ K 5

An der Uferstraße des kleinen Ortes nahe Tavira können Besucher die alten Fischerkähne in der Lagune beobachten und Fisch essen, beispielsweise im gemütlichen **Baixamar** (Nr. 26), das zahlreiche Tintenfischgerichte auf den Tisch bringt (ab 8,50 €, Mo geschl.).

Tavira ▶ L 5

Kaum ein anderer algarvianischer Ort kann es mit dem Charme dieser malerischen Hafenstadt aufnehmen, die

Tavira

Sehenswert
1. Ponte Antiga
2. Porta de Dom Manuel
3. Igreja da Misericórdia
4. Palácio da Galeria
5. Castelo Medieval
6. Santa Maria do Castelo
7. Câmara Obscura
8. Igreja de Santiago
9. Mercado da Ribeira

Übernachten
1. Pousada Convento da Graça
2. Quinta do Caracol
3. Marés

Essen und Trinken
1. A Ver Tavira
2. Imperial
3. Vela 2
4. Café Tavira Romana

Einkaufen
1. Casa do Artesanato
2. Ex Libris

Ausgehen
1. Chez Carole et Manuel
2. UBI und Bubi

Sport und Aktivitäten
1. Fähren zum Strand
2. Radverleih

gern – ein wenig übertrieben – als ›Venedig der Algarve‹ gelobt wird. Gut 20 Kirchen und viele historische Stadtpaläste verleihen der geschäftigen Stadt (10 000 Einw.) ein besonderes Flair. Da Baden nur auf der vorgelagerten Insel möglich ist, blieb Tavira selbst vom Massentourismus verschont. In den letzten Jahren entstanden einige schöne Hotels am Rande der sehenswerten Altstadt (2 – 8, direkt 13 ▷ S. 94).

Ponte Antiga 1
Die siebenbogige Brücke über den Rio Gilão ist möglicherweise römischen Ursprungs. Ganz genau weiß man das nicht. Was Sie heute sehen, stammt aber aus dem 17. Jh. Bei Über- ▷ S. 97

13 | Hügel der Kulturen – Burgberg von Tavira

Cityplan: S. 93

Tavira war immer eine kulturell aufgeschlossene Stadt, die von verschiedenen Volksgruppen bewohnt war. Ihre Spuren blieben in den zur Maurenfestung hoch führenden Gassen erhalten. Wer sie hinauf geht, wird mit einer wundervollen Aussicht über die Walmdächer der Altstadt bis zum Meer belohnt.

Schon Phönizier, Griechen und Römer löschten im Hafen ihre Waren. Für die arabischen Herrscher war Tavira der wichtigste Ankerplatz in der Algarve. Im christlichen Mittelalter wurden von hier aus die nordafrikanischen Besitzungen versorgt. Zu großem Wohlstand gelangte die Stadt im 15. und 16. Jh., als ihre Händler gesalzenen Fisch, Trockenfrüchte und Wein bis nach Flandern und Italien exportierten.

Doch dann folgte eine Pechsträhne. Zuerst versandete der Hafen, Pestepidemien rafften über die Hälfte der Einwohner dahin und schließlich zerstörte ein Tsunami nach dem Erdbeben von 1755 die meisten Gebäude. Neuen Reichtum brachte seit dem späten 18. Jh. der Thunfischfang, bis sich die Fischschwärme in den 1970er-Jahren neue Wege suchten. Inzwischen profiliert sich die Stadt als eine Art Kulturzentrum der Algarve.

Das Stadttor

Die **Porta de Dom Manuel** 2 ermöglichte im 16. Jh. die erste direkte Verbindung zwischen Kastell und Hafen. Die Königskrone zwischen zwei stilisierten Weltkugeln über dem Bogen symbolisiert König Manuels Traum vom portugiesischen Weltreich. Die seitwärts ins Mauerwerk eingelassenen viereckigen Vertiefungen nahmen die mächtigen Holzbalken auf, die das Tor von innen sicherten. Die schmalen Löcher oben im Tor dienten dazu, Angreifer mit heißem Pech und Wasser abzuwehren.

13 | Burgberg von Tavira

Kunstvolles Kirchenportal
Der Weg durch das Stadttor läuft auf ein Portal zu, auf dem sich allerlei Fabelwesen und Putten versammeln. Die 1551 erbaute **Igreja da Misericórdia** 3 gilt als herausragendes Beispiel für die sakrale Renaissancearchitektur in der Algarve. Über dem Portal thront die Maria der Barmherzigkeit (port. *misericórdia*). Unter ihrem weiten Mantel suchen gleichermaßen gekrönte christliche Könige (rechts) und arabische Prinzen mit Turban (links) Zuflucht – Ausdruck des weltoffenen Charakters der Stadt. Daneben stehen Petrus und Paulus. Festlich wirkt der dreischiffige Innenraum, der nach dem großen Erdbeben mit einem vergoldeten Altar, einer hübschen Orgel und blau-weißen Kachelbildern verziert wurde. Sie versinnbildlichen Gebote der christlichen Nächstenliebe: Durstigen zu trinken geben, Nackte einkleiden, Gefangene besuchen und Kranke pflegen.

Kunst im Renaissancepalast
Der weiträumige, inzwischen aufwendig restaurierte **Palácio da Galeria** 4 bietet Platz für Ausstellungen zeitgenössischer Kunst. Ein Stadtmuseum soll in naher Zukunft hinzukommen. In der Eingangshalle liegen dem Besucher (unter Glas) Ausgrabungsfunde aus der phönizischen Zeit (7.–6. Jh. v. Chr.) zu Füßen. Sie gehörten vermutlich zu einem Heiligtum für Baal, den Gott der guten Winde, der von den seefahrenden Händlern sehr verehrt wurde.

Arabische Burganlage ...
Ende des 13. Jh. ließ König Dom Dinis das **Castelo Medieval** 5 modernisieren. Geblieben sind drei Wehrtürme sowie Überreste der Festungsmauer. Eine Überraschung hält der Burghof bereit. Im Garten blühen nach arabischem Vorbild heimische und exotische Pflanzen in allen Farben des Regenbogens.

Gleich links führen Stufen auf den Wehrumlauf. In der Ferne schimmert das Meer, unten erstrecken sich die vornehmen Stadtpaläste der früheren Thunfischhändler. Die vierseitigen Walmdächer, so charakteristisch für die Bauweise in Tavira, lassen an chinesische Pagodendächer denken. Verblüffend! Kunsthistoriker vermuten sogar ein kulturelles Mitbringsel der Handelsleute.

Als botanische Souvenirs von ihren Fahrten in die Ferne lugen über die weißgekalkte Mauer der Calçada dos Sete Cavaleiros zwischen Burg und Pfarrkirche asiatische Mispelbäume, südamerikanische Araukarien und Bananenstauden hervor. Und dann sind Sie selbst dort angekommen, wo der Pfeffer wächst. Schnuppern Sie nur einmal an den hellen Blüten oder roten Körnern der drei Bäume links der Kirche!

...mit christlicher Kirche
Hoch auf dem Burghügel wurde die Pfarrkirche **Santa Maria do Castelo** 6 nach der Reconquista auf den Grundmauern der früheren Moschee errichtet. Das Minarett mutierte zum mächtigen Glockenturm. Das Zifferblatt der Uhr ist überdimensioniert ausgefallen, damit es Fischer und Händler bereits aus der Entfernung lesen konnten. Vom ursprünglich gotischen Stil zeugen das schlichte Hauptportal und wenige Seitenkapellen.

Nach den Zerstörungen im Erdbeben wurde das Gotteshaus vom italienischen Architekten Francisco Xavier Fa-

> **Übrigens:** Die engagierte Stadtführerin Fernanda Alegria führt auch auf Deutsch durch ihre Heimatstadt. Der 1½-stündige Spaziergang beginnt an der Touristeninformation (Di–Sa 10.30 Uhr, 12 € pro Person, weitere Angebote unter www.recortesdalegria.com).

Sandalgarve

bri im klassizistischen Stil wieder aufgebaut. Eine ungewöhnliche Trompe-l'œil-Malerei aus dem 19. Jh. schmückt den Hauptaltar. Darunter fanden jene sechs christlichen Ritter ihre letzte Ruhestätte, die während der Reconquista heimtückisch ermordet wurden. Ein Händler eilte ihnen zu Hilfe und ließ ebenfalls sein Leben. Allerdings wurde er an einem anderen Ort begraben, da er jüdischen Glaubens war.

Convento da Graça

Zu einer blühenden mittelalterlichen Handelsstadt gehörten die Juden. Sie fanden auf der anderen Flussseite ihre Heimstatt. Die Synagoge stand jedoch an prominenter Stelle direkt neben der christlichen Hauptkirche auf dem Burgberg. Mit der Inquisition wurden im 16. Jh. alle jüdischen Spuren ausgemerzt und an gleicher Stelle ein Augustinerkloster errichtet. Nach der Säkularisierung 1834 unterlag es militärischer Nutzung und stand zuletzt viele Jahrzehnte leer. Dem ruinösen Dornröschenschlaf entrissen wurde das elegante Renaissancegebäude dank des Umbaus zu einem **Hotel** [1] der Pousada-Kette.

Camera Obscura

Eigentlich sollte der ausgediente **Wasserturm** der Stadt abgerissen werden, denn eine Augenweide ist er wahrlich nicht. Doch nach Bürgerprotesten wurde er zur **Câmara Obscura** [7] umgewandelt, die ein Rundumbild von Tavira auf eine Leinwand projiziert und die bewegte Geschichte der Stadt nacherzählt.

Jakobus als Maurentöter

Anstelle einer zweiten Moschee wurde unterhalb der Pfarrkirche die **Igreja de Santiago** [8] errichtet. Der hl. Jakobus soll den christlichen Rittern während der Reconquista beigestanden haben, ein Relief an der südlichen Wand zeigt ihn als Maurentöter. Mahnend weist es zur früheren **Mouraria** (Maurenviertel) in den südlich angrenzenden Gassen. Manches Haus hat noch arabische Gitterfenster, die den Frauen Blicke auf die Straße erlaubten, von außen jedoch den Einblick verwehrten.

Infos

Touristeninformation: Rua da Galeria, 9, Tel. 281 32 25 11, Mo–Fr 9.30–13, 14–17.30, im Sommer tgl. 9.30–19 Uhr
Igreja da Misericórdia [3]: Di–Sa 9.30–12.30, 14–18/19 Uhr, Eintritt frei
Palácio da Galeria [4]: Di–Sa 9.30–12.30, 14–17 Uhr, Juli–Sept. Di–So 9.30–12.30, 15–18.30 Uhr, ca. 3 €
Castelo Medieval [5]: 9–19, im Winter bis 17 Uhr, Eintritt frei
Santa Maria do Castelo [6]: nur während der Messe geöffnet
Câmara Obscura [7]: Mo–Sa 10–17 Uhr, im Winter geschl., 3,50 €
Igreja de Santiago [8]: Mo–Sa 9–12.30, 13.30–17 Uhr, Eintritt frei

Traditionelles Kunsthandwerk

Eine Kooperative lokaler Kunsthandwerker vermarket u. a. handgehäkelte Spitzen, rustikale Keramik und Erdbeerbaumschnaps in der **Casa do Artesanato** [1] (Calçada da Galeria, 11).

Gediegene Pauseorte

Unter Bäumen oder im gestylten Speiseraum lässt sich im Nobelrestaurant **A Ver Tavira** [1] der kleine und große Hunger mit einem bunten Salat bzw. einem Degustationsmenü stillen (Calçada da Galeria, 13, Tel. 281 381 363). Kostenlos auch für Nichtgäste ist das Verweilen im zeitlos schönen Kreuzgang der Pousada!

Tavira

Im ›Venedig der Algarve‹ findet jeder Gast etwas nach seinem Geschmack

schwemmungen 1989 beschädigt, wurde sie nach der Renovierung autofrei.

Mercado da Ribeira 9
Die stimmungsvolle Markthalle wird von Cafés, Restaurants und Souvenirläden genutzt, nachdem die Markthändler in einen Neubau flussabwärts gezogen sind. Vor den Toren der sehenswerten Glas-Eisen-Architektur aus dem 19. Jh. dehnt sich ein attraktiver Stadtpark mit exotischen Pflanzen aus. Mittendrin erklingt zu Festzeiten manch ein Ständchen im Musikpavillon mit seiner filigranen Eisenkonstruktion.

Übernachten
Historische Mauern – **Pousada Convento da Graça** 1: Rua Dom Paio Peres Correia, o. Nr., Tel. 281 32 90 40, www.pousadas.pt, ab 190 €. Stilvoller Luxus in den restaurierten Mauern eines Augustinerkonvents.
Idyllische Bleibe – **Quinta do Caracol** 2: Rua de São Pedro, 11, Tel. 281 32 25 75, www.quintadocaracol.com, Apartments ab 90 €. Geschmackvoll traditionell eingerichtet, aber mit moderner Solarheizung.
Ordentlich – **Marés** 3: Rua José Pires Padinha, 134, Tel. 281 32 58 15, www.residencialmares.com, ab 40 €. Familiäre Unterkunft, 24 Zimmer, teilweise mit Blick auf den Fluss.

Essen und Trinken
Nobelrestaurant – **A Ver Tavira** 1: s. S. 96
Meeresfrüchte – **Imperial** 2: Rua José Pires Padinha, 22, Tel. 281 32 23 06,

Sandalgarve

ab 7 €. Spezialitäten sind Meeresfrüchteeintöpfe und Seeteufel mit Muscheln im Tontopf.
Fisch vom Grill – **Vela 2** [3]: Campo dos Mártires da República, 1, Tel. 281 32 36 61, So geschl. Volkstümliches Lokal, das für 9 € so viel gegrillten Fisch reicht, wie man essen möchte; auch Fleischgerichte.
Mega-Kuchentheke – **Café Tavira Romana** [4]: Praça da República, 24, Tel. 281 32 56 08, tgl. 8–24 Uhr. Riesenauswahl an leckerem algarvianischen Gebäck.

Einkaufen

Kunsthandwerk – **Casa do Artesanato** [1]: s. S. 96
Für Gourmets – **Ex Libris** [2]: Rua 5 de Outubro, 10. Beeindruckende Auswahl portugiesischer Delikatessen.

Ausgehen

Nachtschwärmer beginnen den Abend rund um die Praça Dr. Padinha und Rua Dr. Cabreira auf der nördlichen Flussseite. Schöne Plätze hat das **Chez Carole et Manuel** [1] an der Uferstraße Rua Jacques Pessoa 22; bei einem (französischen) Rotwein lässt sich der Blick auf die Burg genießen.
Angesagt – **UBI und Bubi** [2]: Rua Almirante Cândido dos Reis, Di–So 23–6 Uhr (im Winter kürzer). Die Großdisco UBI in einer alten Fabrikhalle ist Treffpunkt der Jüngeren. Getanzt wird zu House, Techno und Pop. Die angeschlossene Bar Bubi (ab 18 Uhr) dient der Entspannung.

Sport und Aktivitäten

Baden – Die **Ilha de Tavira** glänzt mit langen Sandstränden und fast menschenleeren Dünenlandschaften. Die **Fähren** [1] legen vom Kai hinter der alten Markthalle ab, Mai–Sept. ca. stdl. von 8–17 Uhr.
Radfahren – **Sport Náutica** [2]: Rua Jaques Pessoa, 26. Verleih von Fahrrädern.

Infos und Termine

Touristeninformation: s. S. 96
Parken: am besten auf der nördlichen Flussseite gegenüber der Altstadt
Bahnhof: Largo de Santo Amaro, 2 km außerhalb; Züge nach Faro, Lagos und Vila Real de Santo António
Bus: Vom zentral an der Rua dos Pelames gelegenen Busbahnhof fahren Busse regelmäßig in die Küstenstädte.
Verão de Tavira: Juli/Aug. Kultursommer mit zahlreichen Veranstaltungen

Cacela Velha ▶ L 5

Ein Fischerdörfchen wie aus dem Bilderbuch, das über einen Abzweig von der EN 125 gut 10 km östlich von Tavira zu erreichen ist. Viele der Einwohner leben von der Muschelzucht. Bei Ebbe sind die Anlagen in der Lagune zu sehen.

Auf dem pittoresken Dorfplatz mit einem alten Brunnen werden häufig Modeaufnahmen geschossen. Unterhalb des alten Kastells (heute Küstenwache) sind Überreste aus der römischen und maurischen Epoche freigelegt, aus der Zeit also, als der Ort noch über einen eigenen Hafen verfügte.

Essen und Trinken

Mit Terrasse – **Costa:** Fábrica, 2 km westlich, Tel. 281 95 14 67, tgl., ab 12 €. Meeresfrüchte und gegrillter Fisch, serviert auf der großen Terrasse über der Lagune.

Sport und Aktivitäten

Badeausflug – Fischerboote fahren von Fábrica 2 km Richtung Westen auf einen einsamen Dünenstreifen.

Manta Rota ▶ L 4/5

Der Ort ist in den letzten Jahren gewaltig gewachsen. Zum Glück blieb er von allzu schlimmen Hochhausbauten verschont. Das Plus ist der von Dünen geschützte 10 km lange Sandstrand, der auch wegen eines Spielplatzes ideal für Kinder ist. Mehrere Restaurants reihen sich am Zugang zum Strand.

Monte Gordo ▶ M 4

Monte Gordo (Dicker Berg), ist mit 5000 Einwohnern die letzte Küstenstadt vor der spanischen Grenze. Im Gegensatz zum Ortsnamen ist hier alles flach, sodass schon von Weitem die weißen Hotelburgen zu sehen sind, alles andere als eine Augenweide. Aber der bei portugiesischen Familien beliebte Ferienort besitzt ein recht angenehmes Zentrum, das auf Touristen eingestellt, aber nicht überlaufen ist. Richtig toll ist der kilometerlange, helle Strand, den die überdurchschnittlich warmen Atlantikwellen meist recht sanft umspülen. Viele Cafés und diverse Strandrestaurants erhöhen noch die Attraktivität der teilweise autofreien Uferpromenade. Und es gibt sogar ein Spielkasino.

Übernachten

Am Meer – **Vasco da Gama:** Av. Infante Dom Henrique, o. Nr., Tel. 281 51 09 00, www.vascodagamahotel.com, 45–190 €. Direkt am Strand. Die Zimmer zum Atlantik (Preisaufschlag) sind sehr ruhig und mit Balkon. Zur Straße kann's laut werden.

Essen und Trinken

Zuverlässig – **Marisqueira Monte Gordo:** Rua Pedro Cabral, 5, im Winter Di geschl., ab 8,50 €. Eine große Auswahl an Grillfischen und reichhaltige Meeresfrüchte-Eintöpfe erklären den Andrang in dem Traditionsrestaurant.
Entspannend – **Pezinhos N'areia:** am Strand Praia Verde, 3 km westlich, www.pezinhosnareia.com, Tel. 281 51 31 95, tgl. bis 19 Uhr, Juni–15. Sept. bis 2 Uhr, Nov.–Jan. geschl., ab 9 €. Im frisch renovierten Lokal am weißen Strand gibt es unter kleinen Zeltdächern Fisch nach Kilogramm-Preisen, Salate und Tapas.

Ausgehen

Vielfältig – **Nox Lounge:** Rua Dom Francisco de Almeida, 6, Mo–Do 11–2, Fr, Sa bis 4 Uhr. Für jeden Geschmack etwas: Die Bar in rosa Plüsch veranstaltet dienstags Fado-Konzerte und an Weihnachten House-Partys.
Spielen und Vergnügen – **Casino:** Av. Infante D. Henrique (neben Turismo), www.solverde.pt, 16–3 Uhr. Zahlreiche Spielmöglichkeiten, Bars, Restaurants und Kulturprogramm.

Sport und Aktivitäten

Am Strand – Der Hausstrand ist breit und feinsandig, nach Osten hin schließt sich hinter ihm ein Pinienhain an. Wanderungen bis Cacela-a-Velha sind möglich. Verleih von Jetskis und Tretbooten.
Radfahren – Es gibt mehrere günstige Radverleiher (ab 3 €/Tag), u. a. **Tur Fortes:** Rua Bartolomeu Perestrelo, 2, am östlichen Ortsrand. Schön sind Bike-Ausflüge nach Vila Real de Santo António (s. S. 100).

Infos

Touristeninformation: Av. Infante D. Henrique (Strandpromenade), Tel. 281 54 44 95, Di–Do 9.30–17.30, Fr–Mo 9.30–13, 14–17.30, im Sommer bis 19 Uhr
Parken: großer Parkplatz am Strand
Busse: regelmäßig nach Vila Real de Santo António, Tavira und Faro.

Rio Guadiana und der Nordosten

Vila Real de Santo António ▶ M 4

Die Grenzstadt mit 13 000 Einwohnern liegt hübsch an der Mündung des Rio Guadiana mit Blick auf den spanischen Nachbarort Ayamonte. Staatskanzler Marquês de Pombal ließ die Stadt 1774 aus dem Boden stampfen und wollte Spanien damit beeindrucken. Gebaut wurde in Fertigbauweise. Die einzelnen Gebäudeteile wurden, wie in Lissabon nach dem Erdbeben, vorgefertigt und vor Ort zusammengesetzt. Die Anlage der Stadt folgte einem einfachen Konzept: Schachbrettgrundriss und symmetrische Plätze. Auch das erinnert an Lissabon.

Die zentrale quadratische Praça do Marquês de Pombal wird von Orangenbäumen und Straßencafés gesäumt. Hier kommt richtig Urlaubsstimmung auf.

Übernachten
Einfach – **Coração da Cidade:** Rua Sousa Martins, 17, Tel. 281 53 04 70, www.coracaodacidade.com, ab 50 €. 21 sachliche Zimmer in zentrumsnahem Neubau.

Essen und Trinken
Auch Tapas – **Naval do Guadiana:** Av. da República, o. Nr., Jachthafen, Tel. 281 51 30 38, www.anguadiana.com, tgl. Der Segelclub betreibt ein Restaurant mit Blick auf den Fluss. Über 20 Tapas (ab 2,50 €), viele Fischgerichte (ab 9 €).

Populär – **Casa Pisa II:** Rua Jornal do Algarve, 44 (südl. vom Hauptplatz), Tel. 281 54 31 57, Mi geschl., ausreichende halbe Portion ab 5 €. Populär, mit großer Fischauswahl.

Sport und Aktivitäten
Jeep- und Flussfahrten – **Riosul:** Rua Tristão Vaz Teixeira, 15c, in Monte Gordo, Tel. 281 51 02 00, www.riosultravel.com. Der Ausflugsdampfer von Riosul fährt tgl. von Vila Real de Santo António den Guadiana hinauf, die Bootstour kann auch mit einer Jeep-Safari kombiniert werden.

Einkaufen
Viele Geschäfte rund um die **Praça do Marquês de Pombal** bieten Tuchwaren an, ganz nach dem Geschmack der zahlreichen spanischen Besucher.

Infos
Touristeninformation: keine eigene Stelle, zuständig ist Monte Gordo, s. S. 99.
Parken: kostenpflichtige Parkplätze am Flussufer
Bus und Zug: zentrumsnah, regelmäßig in die Küstenstädte, seltener Bus nach Mértola
Fähre: häufige Verbindungen in den spanischen Ort Ayamonte auf der anderen Seite des Río Guadiana.

Castro Marim ▶ M 4
direkt 14 ▶ S. 101

14 | Unterschlupf der Templer – Castro Marim

Karte: ▶ M 4

Um die Templerritter ranken sich unzählige Legenden, vielfach beschrieben und verfilmt. 1312 wurde der Orden verboten, die Brüder grausam verfolgt. Im äußersten Südwesten der bekannten Welt fanden sie Zuflucht, im Kastell von Castro Marim. Inkognito! Und wurden als Christusritter zum Motor der portugiesischen Seefahrten.

Unglaubliches wurde den Templern angedichtet. Sie sollen den heiligen Gral bewahrt und mit Hilfe der Alchemie Silber in Gold verwandelt haben. Angeblich haben sie sogar die Gotik erfunden.

Fest steht, dass der Orden 1119 zum Schutz der Kreuzfahrer gegründet und vom Papst mit besonderen Privilegien ausgestattet worden war. Die Ordensbrüder erhielten das Monopol auf Kreditgeschäfte, die gläubige Christen nach damaligen Vorstellungen eigentlich in die Hölle brachten. Auf Erden wurden die Templer jedoch wohlhabend und einflussreich. Der französische König Philipp IV. fürchtete ihren unaufhaltsamen Machtanstieg so sehr, dass er schlimmste Anschuldigungen erfand: gotteslästerlicher Umgang mit dem Islam, Homosexualität und Sodomie. Die Vorwürfe verfehlten ihre Wirkung nicht. Papst Clemens V. verkündete das weltweite Verbot und die Übertragung ihrer Besitztümer auf den Johanniterorden. Letzteres wurde allerdings in Portugal nicht vollzogen! Das gewaltige Vermögen blieb im Lande, indem es einem portugiesischen Nachfolgeorden übertragen wurde. Das hatte König Dom Dinis dem Heiligen Stuhl in zähen Verhandlungen abgerungen.

Klassischer Etikettenschwindel

Nach sieben Jahren tauchten die Ordensbrüder mit ihren Besitztümern wieder auf und nannten sich fortan Chris-

Rio Guadiana und der Nordosten

tusritter. Nur geringfügig änderten sie ihr Logo. In das rote Templerkreuz mit acht Spitzen auf weißem Grund wurde ein weißes Kreuz eingefügt. Zur weiteren Vertuschung der Aktion verlegten sie den Stammsitz in die algarvianische Provinz. Bis zum Jahr 1354 blieb die Burg von Castro Marim ihr Zentrum. Der neue Militärorden unterstand direkt dem portugiesischen König. Der Großmeister war ein Mitglied des Königshauses. 1420 wurde es kein Geringerer als Heinrich der Seefahrer.

> **Übrigens:** Im naturgeschützten Feuchtgebiet **Sapal de Castro Marim** 8 unterhalb der Burg finden nicht nur Störche, Reiher und Flamingos sondern auch seltenere Wasservögel ihren Lebensraum. Der markierte Wanderweg PR 1 führt vom Ortszentrum dorthin. In einem **Infozentrum** 4 km nördlich liegen Fernstecher für die Vogelbeobachtung bereit. Tel. 281 51 06 80, Mo–Fr 9–12.30, 14–17.30 Uhr.

Die mächtige Burganlage

Nicht von ungefähr fiel die Wahl ihres Exils auf die **Festung von Castro Marim** 1. In der Abgeschiedenheit sollte zunächst einmal Gras über die gewagte Aktion wachsen. Außerdem sprachen die kolossalen Ausmaße und die gute Bausubstanz für diesen Standort. Erst 70 Jahre zuvor war die Burg um ein **arabisches Kastell** 2 herum errichtet worden.

Für die untergetauchten Ordensbrüder ließ König Dinis die Festung ausbauen. Nicht ohne Grund nannte man ihn auch den König der 100 Burgen! Ihm ging es um eine Demonstration der Stärke gegenüber dem benachbarten Spanien. Die Anlage von Castro Marim zählt zu den größten Südportugals. Die raumgreifenden Burgmauern beeindrucken schon von weitem. Ein fürwahr würdiger Unterschlupf für die stolzen Templer, die in ihrer neuen Bleibe nicht untätig blieben. Gemeinsam mit der portugiesischen Krone bereiteten sie ihren nächsten Coup vor: die Eroberung und Christianisierung Nordafrikas – das lag ja praktischerweise in unmittelbarer Nähe!

Heutiges Ruinenfeld

Auch nach der Rückverlegung des Ordenssitzes nach Tomar blieb Castro Marim ein Bollwerk gegen spanische Angriffe. Zudem diente die Festung als ein Ausguckposten, von dem aus man Piratenschiffe rechtzeitig identifizieren konnte.

Bis 1755 siedelte die Ortsbevölkerung innerhalb der Mauern. Das Erdbeben verwandelte die Wohnhäuser in Ruinen. Nur wenige Gebäude und eine **Renaissancekirche** 3 wurden wieder aufgebaut. Vergleichsweise gut erhalten blieb dagegen das Pulverhaus. Von dort sind es nur wenige Schritte zum früheren arabischen Kastell, zu erkennen am quadratischen Grundriss und an den runden Ecktürmen.

In einem kleinen **Archäologischen Museum** 4 erzählen Ausgrabungsstücke von den Handelsrouten nach Karthago, Griechenland und in den Libanon – bereits vor etwa 2500 Jahren.

Grenzenloses Panorama

Der Aufstieg auf die Burgmauern über schmale, ausgetretene Steinstufen ist etwas beschwerlich. Tief unten bildet sich Richtung Osten ein Flickenteppich aus ausgedehnten **Salzfeldern** 5. Jenseits des Rio Guadiana grüßt der andalusische Grenzort Ayamonte.

Andere Seite, anderer Blick: **Forte de São Sebastião** 6, eine Wehranlage aus dem 17. Jh., erhebt sich dort über die weißen Häuser von Castro Marim.

14 | Castro Marim

Infos
Touristeninformation: Im Ortskern, Rua Dr. José Alves Moreira 2–4, Tel. 281 53 12 32, Mo–Fr 9.30–13, 14–17 Uhr
Burg: Mai–Sept. tgl. 9–19, Okt.–April 9–17 Uhr, Eintritt frei
Dias Medievais: Ende August, Anfang September erleben Burgruine und Ort ein Mittelalterfest mit Ritterturnieren, traditionellem Handwerk und opulentem historischem Bankett – das gesamte Städtchen scheint ins Mittelalter versetzt zu sein.

Tipps
Der Hauptplatz von Castro Marim lädt zur Pause unter duftenden Orangenbäumen ein. Die Kulisse: weiß gekalkte Häuschen mit blau eingefassten Türen und Fenstern, kunstvollen Dachfriesen und verzierten Kaminen. Rundumblicke bietet der **Rocha do Zambujal** am südlichen Ortsausgang. Dort befinden sich die militärische Befestigung des **Revelim de Santo António** 7, eine **Windmühle** und ein **Ausstellungsgebäude** mit Informationen zur Region.

Vom Holzkohlengrill
Das Restaurant **Manuel D'Água** 1 unterhalb der Burg ist die beste Wahl für leckere Fleisch- und Fischgerichte vom Grill, ab 8 €. Estrada do Mouro Vaz, 4, Tel. 281 53 14 80, Mo geschl.

Salziges Mitbringsel
Die **Kooperative Tradisal** 1 verkauft im kleinen Laden unterhalb der Pfarrkirche reines Meersalz, das mit traditionellen Techniken in den Salzgärten rund um Castro Marim gewonnen wird.

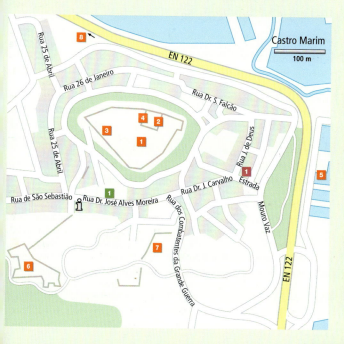

Rio Guadiana und der Nordosten

Fischerboot auf dem Guadiana nahe Vila Real de Santo António

Den Rio Guadiana hinauf ▶ M 4–2

Die Fahrt auf der alten, kurvigen N 122 nördlich von **Castro Marim** (▶ M 4) ist der neuen Schnellstraße vorzuziehen. Über **Azinhal** (▶ M 3) führt die Route durch eine karge Hügellandschaft mit fruchtbaren Feldern in den Talsenken. Nach etwa 10 km ist die Staumauer des Sees von **Odeleite** (▶ M 3) erreicht. Der gleichnamige Ort zieht sich malerisch zum Fluss hinab.

Zur Fortsetzung der Fahrt auf einer stillen Nebenstraße Richtung Norden muss man von hier etwa 2 km zurück bis zum Abzweig nach **Foz de Odeleite** (▶ M 3), das am Guadiana liegt.

An die aufregende Zeit vor der Europäischen Union, als das Schmugglerwesen beiderseits des Flusses florierte, erinnern langsam verfallende Zollwachtürme und das kleine Flussmuseum (Museu do Rio, tgl. 9.30–13, 14.30–19, im Winter 9–13, 14–17 Uhr, 2,50 €, Kombiticket auch in Alcoutim gültig) in **Guerreiros do Rio** (▶ M 2). Portugiesen lieferten Kaffee nach drüben, Spanier heimlich Zigaretten nach hüben. Zudem wird die Tradition des Flussfischfangs gezeigt.

Übernachten

Flusshotel – **Guerreiros do Rio:** Tel. 281 54 01 70, www.guerreirsodorio.com, ab 70 €. Das Hotel wurde im Jahr 2006 erbaut und verfügt über 26 freundlich eingerichtete Zimmer.

Sport und Aktivitäten

Wandern – Sehr schöne Wanderwege sind entlang der Strecke markiert, u. a. in Azinhal und Odeleite. Wanderkarten unter www.odiana.pt.

Alcoutim ▶ M 2

Auf dem Weg in das 1000-Seelenstädtchen Alcoutim lässt sich das Panorama vom Aussichtspunkt Miradouro do Guadiana genießen, Ausgangspunkt für eine weitere Wanderung durch die unberührte Landschaft.

Alcoutims weiße Häuser drängen sich um die Anlegestelle der Boote, dazu ein Dorfplatz mit Cafés, und über diese Idylle wacht die römisch-maurische Festung bzw. das, was davon übrig blieb. Unten glitzert der Fluss in der Sonne, davor steht die hübsche Dorfkirche mit Renaissanceportal. Auf der anderen Seite des Ufers wirkt das spanische Sanlúcar wie ein Spiegelbild. Zwei Dörfer, zwei Befestigungsanlagen, dazwischen der Guadiana als Grenze.

Castelo und Museu Arqueológico
9.30–17.30, im Sommer bis 19 Uhr,
Kombiticket für alle Sehenswürdigkeiten 2,50 €

Etwas schweißtreibend ist der Anstieg durch die engen Gassen schon. Oben angekommen erschließt sich dem Besucher beim Blick Richtung Spanien die strategische Bedeutung des Kastells. Seit wann es hier schon Befestigungsanlagen gibt, ist unbekannt. Vielleicht schon unter den Phöniziern, sicher aber seit den Mauren. Ihren großen Tag erlebte die Anlage am 31. März 1371, als hier der portugiesische König Dom Fernando und sein spanischer Amtskollege Heinrich von Kastilien den Friedensvertrag Tratado de Paz de Alcoutim unterzeichneten. Ein kleines Archäologiemuseum stellt Funde seit der Megalithkultur aus.

Essen und Trinken
Wild und Fisch – **O Afonso:** Praça da República, Tel. 281 54 61 73, Sa geschl., ab 8 €. Saisonabhängig gibt es Wildbret und Flussfische. Empfehlenswert

Alcoutim, im Hintergrund das ebenso schön am Guadiana gelegene spanische Sanlúcar

ist der Lammeintopf *(ensopado de borrego)*.
Einfach – **Snackbar O Caçador:** Rua 10 de Maio, Di geschl., um 8 €. In dem kleinen Landrestaurant werden einfache Tagesgerichte serviert.
Snacks – **O Quiosque:** oberhalb des Fähranlegers. Die hübsche Terrasse unter Bäumen ist ein idealer Ort, um bei Snacks und Getränken auszuspannen.

Übernachten
Am Fluss – **Estalagem Guadiana:** Bairro do Rossio, Tel. 281 54 01 20, www.grupofbarata.com, ab 65 €. Renoviertes Landhotel mit 31 Ziimmern am Ufer des Guadiana.

Einkaufen
Kunsthandwerk – **Casa de Artesanato:** Rua 1° de Maio. Gute Auswahl an regionalen Produkten.

Sport und Aktivitäten
Flussfreuden – Ein Flussstrand mit **Bademöglichkeit** befindet sich am nördlichen Ortsausgang. Die Jugendherberge neben dem Hotel Guadiana und das Centro Naútica in der Av. de Espanha verleihen Boote für **Kanufahrten.**

Infos und Termine
Touristeninformation: Rua 1° de Maio, Tel. 281 54 61 79, Di–Do 9.30–17.30, im Sommer bis 19 Uhr, Fr–Mo 9.30–13, 14–17.30 Uhr
Busse: zweimal tgl. nach Vila Real de Santo António
Fähre: Gegen einen Obolus von etwa 1 € pro Person setzen Fischerboote Reisende auf die andere Flussseite nach Spanien über.
Feira dos Ovos d'Avó: Ostersamstag. An der Flussanlegestelle werden die »Eierspeisen der Großmutter« gefeiert.
Kunsthandwerkermarkt: 2. Wochenende im Juni

Dorffest: 2. Wochenende im Sept., mit Feuerwerk und Markt.

Rundfahrt auf der N 124 ▶ J–L 2–3

Von der Schnellstraße IC 27, die von der Küste nach Norden führt, zweigt die N 124 Richtung Westen ab. Entlang der Strecke weisen die Schilder *núcleo museológico* auf etliche, meist jungsteinzeitliche archäologische Fundstätten hin, wie **Pereiro, Farelos, Clarines** (letztere ist westgotisch) oder **Santa Justa**.

Martim Longo ist ein typischer kleiner Ort an der Grenze zwischen der Algarve und der Nachbarprovinz Alentejo, der bislang vom Tourismus kaum berührt wurde. Die gemächliche Idylle lässt nicht vermuten, dass die Ansiedlung im 17. Jh. sehr wohlhabend war, sodass sich sogar eine kleine afrikanische Gemeinde hier niederließ. Das Innere der Pfarrkirche ist mit Fresken aus dem 16. Jh. ausgestattet. 5 km außerhalb steht auf einem Hügel die kleine Kapelle Ermida de Santa Justa aus dem Spätmittelalter.

Noch ein Stückchen dahinter stößt man im Dorf **Cachopo** auf jene ursprüngliche Algarve, wie sie heute nur noch fern der touristischen Routen zu finden ist (**direkt 15** ▶ S. 107).

Mértola ▶ K 1

Mértola mit gut 10 000 Einwohnern gehört nicht mehr zur Algarve, sondern zum Nachbarn Alentejo. Schon der Anblick von Ferne ist ein Genuss, wenn sich die Silhouette der Museumsstadt malerisch über den Zusammenfluss der Flüsse Guadiana und Oeiras erhebt. Oben die Burg, darunter ▷ S. 110

15 | Einladung in die rurale Welt – Ausflug nach Cachopo

Karte: ▶ J 3 | **Anfahrt:** N 2 von Faro nach Norden, in Barranco do Velho weiter auf der N 124

Hurtig schießt das Schiffchen die Schussfäden zwischen den Kettfäden hindurch. In der Weberei von Dona Otília entstehen Wolldecken und Leinenstoffe. Der Ausflug in die fast vergessene Algarve führt weiter zum Sattelmacher und Dorfschmied. Und in ein entzückendes Heimatkundemuseum.

Viele Wege führen nach Cachopo. Genau fünf Straßen bilden eine Art Verkehrsknotenpunkt im fast menschenleeren Bergland. Laut letzter Volkszählung leben 1024 Bewohner in der Gemeinde, 3525 waren es noch vor 50 Jahren. Seitdem wandern die Jungen ab, ungeachtet aller Fördermaßnahmen. Dabei ist man auf die 15 Kinder und Jugendlichen des Ortes mächtig stolz. Allerdings müssen sie die Schulbank im 14 km entfernten Martim Longo drücken. Soviel zu den Problemen, die symptomatisch sind für das Hinterland abseits des Tourismus. Und jetzt zum dörflichen Leben.

Vom Dorf ins Museum

Die beherzten Erzählungen von Dona Anabela lassen das Gefühl von Grabesstille, das den Besucher in Cachopo beschleichen mag, gar nicht erst aufkommen. Als junge Mutter ist sie überglücklich über den örtlichen Kindergarten. Wenn Sie nicht gerade ihrer eigenen Mutter und Schwester im beliebten Dorfrestaurant zur Seite steht, betreut sie das kleine Volkskundemuseum. Es wurde im früheren Wohnhaus der Straßenarbeiter eingerichtet, die Mitte des 20. Jh. erstmalig eine asphaltierte Straßenverbindung über die Berge schufen. Die Ausstellung ist dem harten Leben im Hinterland gewidmet, jenen Lebens- und Arbeitsverhältnissen, die es noch immer gibt. Die letzten drei Handwerker des Dorfes werden vorge-

Rio Guadiana und der Nordosten

stellt: die Weberin, der Sattelmacher und der Schmied. Noch können Sie ihnen auch live bei der Arbeit zusehen und die Ruhe vergangener Jahrhunderte wiederfinden. Doch auch wenn es auf den ersten Blick so scheint, bleibt selbst hier die Zeit nicht stehen. Denn die ländliche Welt vergeht und mit ihr geht viel an Lebenskultur verloren. Schauen Sie also bald vorbei.

Harte Lebensbedingungen

Karg sind die Schieferböden dieser Hügel, die im Frühjahr von den weißen Blüten der Lackzistrosen übersät werden. Mit ihnen wurden die dörflichen Brotbacköfen befeuert. Manchmal streifen bejahrte Schäfer mit ihren Schaf- oder Ziegenherden durch die weite Berglandschaft. Vereinzelt ermöglichen fruchtbare Talsenken den Anbau von Getreide und Gemüse. Wer in dieser unwirtlichen Region überleben wollte, brauchte immer schon eine Vielzahl von Erwerbsquellen: Jagd auf Wildschweine und Kaninchen, Brennen von Medronho, dem hochprozentigen Schnaps aus der Baumerdbeere, Honig- und Käseherstellung, Verarbeitung von Schafswolle. Nur der Verkauf von Korkrinde brachte und bringt der Landbevölkerung nennenswerte Einkünfte. Die kleinen Familienbetriebe, die so wunderbare Würste und Schinken räucherten, mussten hingegen schließen. Die Erfüllung neuer EU-Vorgaben war aufgrund der bescheidenen Produktionsmengen zu kostspielig. Wer doch noch irgendwo in den Genuss einer solch herzhaften Wurst kommt, schmeckt auf den ersten Biss, welch kulinarischer Reichtum hier verlorengeht.

Vom Museum ins Dorf

Von dieser ländlichen Welt weiß Dona Anabela im **Volkskundemuseum** 1 von Cachopo zahlreiche Geschichten

> **Übrigens:** Eine erfrischende Abkühlung finden Sie im **Naturschwimmbecken** 5 an der Fonte Férrea, etwa 1 km südlich an der N 124. Unter schattigen Bäumen lässt sich auch gut Picknicken.

zu erzählen. Sie tut dies voller Stolz auf ihre Vorfahren, die mit viel Geschicklichkeit und Zähigkeit den Widrigkeiten der Natur getrotzt haben. Sie zieht den Besucher förmlich in die ländlichen Traditionen hinein. Deren noch lebendige Überreste lassen sich beim **Sattelmacher** 2 in der Rua 1° de Maio, 15 bestaunen. Nur wenn der rund 80-Jährige eigenhändig seinen Gemüsegarten bestellt und Bienenkörbe betreut, ist die grüne Metalltür verschlossen. So viele Strohsättel werden heute auch nicht mehr gebraucht.

Gefragter sind die Fallen für Kaninchen oder Wildschweine aus der Werkstatt des letzten **Dorfschmieds** 3 – vor 20 Jahren hatte er immerhin noch sieben Kollegen! Nur noch selten werden den Pferde oder Maultiere beschlagen. Doch die Sicheln, die auf den mit Maschinen nicht erreichbaren Terrassenfeldern zum Einsatz kommen, sind weiterhin begehrt. Eine Spezialität hat sich der über 70-jährige José Vicente ausgedacht: Sicheln für Linkshänder! Bei einem kleinen Schwatz sieht man es dem verschmitzten Lächeln um seinen fast zahnlosen Mund an, wie er sich über diesen Coup freut.

Mysterium der Leinenherstellung

Einer Windmühle nachempfunden ist der kleine **Kiosk** 4 mitten im Ort, in dem Dona Otília regionale Handwerksprodukte zum Kauf anbietet. Darunter gibt sie in einem Privatmuseum Einbli-

15 | Cachopo

cke in die beengten Lebensumstände der früheren Generationen. Bei all den Schwierigkeiten des heutigen Landlebens hat sich denn doch vieles grundlegend gebessert.

Blau blühende Flachspflanzen weisen den Weg in die benachbarte Weberei der rührigen Dame. Eigenhändig gesponnene Leinenfäden werden hier zu Stoffen und Decken verarbeitet. Ein langer und mühsamer Prozess in insgesamt elf Arbeitsgängen, den die Hausherrin am praktischen Beispiel erläutert, bevor es für die Besucher wieder zurück in die Moderne geht – keine Autostunde entfernt.

Infos
Núcleo Museologíco de Cachopo 1, Rua Matos Casaca, Mo–Fr 9.30–13, 14.30–18 Uhr, Eintritt frei; mit Führungen zu den Handwerkern; Infos über Steingräber, Rundhäuser aus Schiefer und restaurierte Windmühlen in der Umgebung; falls geschlossen, im Restaurant nachfragen!
Quiosque »O Moinho« 4: an der Durchgangsstraße im Ortszentrum, tgl. 9–13, 14–18 Uhr

Gute ländliche Küche
Einen zarten Wildschweinbraten (es empfiehlt sich vorzubestellen!), geschmortes Kaninchen, Kichererbseneintopf oder Lammkoteletts können Sie im Dorfrestaurant **Retiro dos Caçadores** 1 genießen (Rua Padre J. A. de Oliveira, 64, Tel. 289 84 41 74, tgl., ab 6 €).

Ein wenig Wandern
Rund um den Ort Cachopo wurden zehn reizvolle **Wanderwege** von 5 bis 17 km Länge angelegt. Eine große Rundwanderung über 45 km verbindet drei einfache Wanderunterkünfte in verlassenen Dorfschulen. Informationen im Museum oder unter Tel. 289 84 08 60 (Associação In Loco).

Rio Guadiana und der Nordosten

die strahlend weißen Häuser mit ihren roten Dächern. In den verwinkelten Gassen rund um die sympathische Markthalle flanieren die Besucher auf altem Straßenpflaster; die entspannte Atmosphäre bildet einen angenehmen Kontrast zu den Küstenzentren der Algarve.

Der Fluss öffnete den Weg in ferne Länder rund ums Mittelmeer. Kein Wunder, dass sich hier Phönizier, Griechen, Karthager, Römer, Westgoten und Araber einfanden. Heute ist ihre Hinterlassenschaft über den Ort verteilt zu bestaunen. Die Sehenswürdigkeiten haben, wenn nicht anders angegeben, folgende **Öffnungszeiten:** Di–So 9–12.30, 14–17.30, Juli–Mitte Sept. 9.30–12.30, 14–18 Uhr, das Kombiticket kostet 5 € (http://museus.cm.mertola.pt/ing/index.html).

Mesquita/Pfarrkirche

So etwas gibt es nicht noch einmal in Portugal. Die gedrungene Renaissance-Pfarrkirche wurde in die alte Moschee integriert. An jene erinnern das Zedernmotiv auf dem Dach, ein quadratischer Innenraum mit fünf gleich hohen Gewölbebögen, Nebeneingänge in arabischer Hufeisenform und eine islamische Gebetsnische, die nach Mekka weist.

Campo Arqueológico

Bei Ausgrabungen unter einem christlichen Friedhof nahe der Kirche wurden römische Mauerreste und maurische Keramiken entdeckt. Aufsehen erregte der Fund eines Mosaiks mit Jagdszenen aus dem 6. Jh., das syrische Einflüsse offenbart. Nach Abschluss der Grabungsarbeiten ist das Gelände nun zu begehen.

Castelo

1238 eroberten christliche Heere die Stadt und zerstörten die maurische Burg. An ihrer Stelle baute der Santiago-Orden die jetzige Festung. Im Bergfried sind westgotische Funde ausgestellt.

Burg und Mesquita dominieren den Festungsberg von Mértola

Mértola

Der Panoramablick über Stadt, Land und Fluss ist spektakulär.

Museu Romano
Mo–Fr während der Öffnungszeit des Rathauses

Das kleine Museum im Süden der Altstadt zeigt römische Fundstücke aus der Region, die unter dem Rathaus gefunden wurden, beispielsweise eine im wahrsten Sinne kopflose Kaiserfigur. Die Köpfe wurden mit der jeweiligen Machtübernahme eines Herrschers ausgetauscht.

Museu Arte Islámica
In einem modernen Museumsbau im neo-maurischen Stil faszinieren die Überreste aus der arabischen Epoche. Spektakulär sind die mit lebendigen Jagdszenen bemalten Keramiken, die ganz offensichtlich das Bilderverbot des Korans missachteten.

Museu Arte Sacra
Gegenüber erzählt das Sakralmuseum mit teils wurmstichigen Kirchenfiguren und liturgischen Utensilien aus umliegenden Kirchen von der Geschichte des Christentums in der Region.

Oficina de Tecelagem
Unterhalb der Markthalle zeigen die Frauen einer Webkooperative ihr kunstfertiges Schaffen. Techniken und Muster reichen in arabische Zeiten zurück. Selbst für die kalten mitteleuropäischen Winter eignen sich die Socken aus handgesponnener Schafswolle.

Museu Paleocristão
Auf der Anhöhe im nördlichen Neubauviertel findet der einzigartige Museumsreigen sein würdiges Ende. Säulenfragmente und Grabsteine stehen auf dem Grundriss des frühchristlichen Gotteshauses aus dem 6. und 7. Jh.

Übernachten
Flussblick – **Beira Rio:** Rua Dr. Afonso Costa, 108, Tel. 286 61 11 90, www.beirario.pt, ab 35 €. Einfache Unterkunft über dem Rio Guadiana, unterschiedlich große Zimmer, teilweise mit Balkon.

Essen und Trinken
Ländlich deftig – **Restaurante Migas:** Markthalle, Tel. 965 78 21 59 (mobil), ab 8 €. Typisch alentejanische Gerichte (*migas* heißt Brotbrei) in einem volkstümlichen Marktrestaurant. Spezialitäten sind die kalte Gemüsesuppe *gaspacho* mit gegrillten Sardinen und Lammgerichte.

Einheimisch – **Náutico:** Rua Dr. Serrão Martins (Ortszentrum), Tel. 967 02 46 05 (mobil), So geschl., ab 7,50 €. Heimische Küche in einem einfach eingerichteten Speisesaal mit Blick über den Fluss.

Sport und Aktivitäten
Naturgenuss – Das städtische Unternehmen **Merturis** (im Tourismusamt, http://merturis.cm-mertola.pt) organisiert u. a. Wanderungen, Kanufahrten und Vogelbeobachtungen.

Infos und Termine
Touristeninformation: Rua da Igreja, 31, Tel. 286 61 01 09, tgl. 9–12.30, 14–17.30, im Hochsommer 9.30–12.30, 14–18 Uhr

Museumsführer: Es gibt einen kleinen, deutschsprachigen Museumsführer zur islamischen Kunst in Mértola (an dem die Autoren dieses Reiseführers mitgewirkt haben).

Bus: selten in die Algarve

Festival Islámico: Mai. Die Altstadt verwandelt sich in einen farbenfrohen nordafrikanischen Basar, buntes Kulturprogramm, die lokalen Restaurants servieren arabische Speisen.

Sprachführer Portugiesisch

Ausspracheregeln
Die Betonung liegt im Portugiesischen im Allgemeinen auf der vorletzten Silbe.

ão	wie nasales »au«
c	vor »a, o, u« wie »k«; vor »e, i« wie »ss«
ç	wie »ss«
-em/-im/-om	am Wortende nasal gesprochen
es	am Wortanfang wie »isch«
g	vor »a, o, u« wie »g«; vor »e, i« wie »sch«
h	wird nicht gesprochen
j	wie »sch«
lh	wie »lj«
nh	wie »nj«
o	wenn unbetont, dann wie »u«
s	vor Konsonant wie »sch«; vor Vokal wie »s«

Allgemeines

Guten Morgen	bom dia
Guten Tag	boa tarde (ab mittags)
Gute Nacht	boa noite
Hallo!	olá!
Auf Wiedersehen	adeus, até logo
bitte	faz favor
danke	obrigado (als Mann) obrigada (als Frau)
ja/nein	sim/não
Entschuldigen Sie!	desculpe!
Wie bitte?	como?

Unterwegs

Haltestelle	paragem
Bus / Auto	autocarro/carro
Straßenbahn	eléctrico
Zug	comboio
Ausfahrt, -gang	saída
Tankstelle	posto de gasolina
rechts	à direita
links	à esquerda
geradeaus	em frente
Auskunft	informação
Telefon	telefone
Postamt	correios
Bahnhof	estação
Flughafen	aeroporto
Stadtplan	mapa da cidade
Eingang	entrada
geöffnet	aberto
geschlossen	fechado
Stadtzentrum	centro da cidade
Kirche	igreja
Museum	museu
Brücke	ponte
Platz	praça/largo
Strand	praia

Zeit

Stunde	hora
Tag	dia
Woche	semana
Monat	mês
Jahr	ano
heute	hoje
gestern	ontem
morgen	amanhã
morgens	de manhã
mittags	ao meio-dia
abends	à tarde/à noite
früh	cedo
spät	tarde
Montag	segunda-feira
Dienstag	terça-feira
Mittwoch	quarta-feira
Donnerstag	quinta-feira
Freitag	sexta-feira
Samstag	sábado
Sonntag	domingo

Notfall

Hilfe!	socorro!
Polizei	polícia
Arzt/Zahnarzt	médico/dentista
Apotheke	farmácia
Krankenhaus	hospital
Unfall	acidente
Schmerzen	dor
Panne	avaria

Übernachten

Hotel	hotel
Pension	pensão
Einzelzimmer/	quarto individual/

Sprachführer

Doppelzimmer	com duas camas	Größe	tamanho
mit/ohne Bad	com/sem casa de banho	bezahlen	pagar
Toilette	casa de banho		
Dusche	duche		
mit Frühstück	com pequeno almoço		
Halbpension	meia-pensão		
Gepäck	bagagem		
Rechnung	factura		

Zahlen

1	um/uma	17	dezassete
2	dois/duas	18	dezoito
3	três	19	dezanove
4	quatro	20	vinte
5	cinco	21	vinte-e-um
6	seis	30	trinta
7	sete	40	quarenta
8	oito	50	cinquenta
9	nove	60	sessenta
10	dez	70	setenta
11	onze	80	oitenta
12	doze	90	noventa
13	treze	100	cem, cento
14	catorze	101	cento e um
15	quinze	150	cento e cinquenta
16	dezasseis	1000	mil

Einkaufen

Geschäft	loja
Markt	mercado
Lebensmittel	alimentos
Bank	banco
Kreditkarte	cartão de credito
Geld	dinheiro
Geldautomat	caixa automático
teuer/billig	caro/barato

Die wichtigsten Sätze

Allgemeines
Sprechen Sie Deutsch/Englisch? Fala alemão/inglês?
Ich verstehe nicht. Não compreendo.
Ich spreche kein Portugiesisch. Não falo português.
Ich heiße … Chamo-me …
Wie heißt Du/heißen Sie? Como te chamas/se chama?
Wie geht es Dir/Ihnen? Como estás/está?
Danke, gut. Bem, obrigado/-a.
Wie viel Uhr ist es? Que horas são?

Unterwegs
Wie komme ich zu/nach …? Como se vai para …?
Wo ist …? Onde está …?
Könnten Sie mir bitte … zeigen? Pode-me mostrar … ,faz favor?

Notfall
Können Sie mir bitte helfen? Pode me ajudar, faz favor?
Ich brauche einen Arzt. Preciso de um médico.
Hier tut es mir weh. Dói-me aqui.

Übernachten
Haben Sie ein freies Zimmer? Tem um quarto disponível?
Wie viel kostet das Zimmer pro Nacht? Quanto custa o quarto por noite?
Ich habe ein Zimmer bestellt. Reservei um quarto

Einkaufen
Wie viel kostet …? Quanto custa? **Ich brauche …** Preciso …
Wann öffnet/schließt …? Quando abre/fecha …?

Kulinarisches Lexikon

Zubereitung

assado	gebraten, auch: Braten
cozido	gekocht
doce	süß
estufado	geschmort
frio	kalt
frito	frittiert
grelhado/na brasa	gegrillt
guisado	geschmort
no espeto	am Spieß
no forno	im Ofen
picante	scharf
quente	warm, heiß
recheado	gefüllt

Suppen und Vorspeisen

azeitonas	Oliven
caldo verde	grüne Kohlsuppe
canja da galinha	klare Hühnersuppe mit Reis
chouriço	geräucherte Wurst
creme de marisco	(cremige) Meeresfrüchtesuppe
manteiga	Butter
pão	Brot
patê de atum/sardinha	Thunfisch-/Sardinenpaste
presunto	(roher) Schinken
queijo	Käse
sopa de legumes/peixe	Gemüse-/Fischsuppe

Fisch und Meeresfrüchte

amêijoa	Teppichmuschel
atum	Thunfisch
bacalhau	Stockfisch
besugo	Meerbrasse
camarão	Krabbe, kleine Garnele
carapau	Bastardmakrele, Stöcker
cherne	Silberbarsch
choco	Tintenfisch, Sepia
dourada	Zahn-/Goldbrasse
espardarte	Schwertfisch
gamba	Garnele
lagosta	Languste
lavagante	Hummer
linguado	Seezunge
lula	Kalmar
mexilhão	Miesmuschel
ostra	Auster
pargo	Seebrasse
peixe espada	Degenfisch
perceves	Entenmuschel
polvo	Krake
robalo	See-/Wolfsbarsch
salmão	Lachs
salmonete	Rotbarbe
sapateiro	Riesentaschenkrebs
sardinha	Sardine
sargo	Geißbrasse
tamboril	Seeteufel

Fleisch

bife	Steak, Schnitzel
borrego	Lamm
cabrito	Zicklein
coelho	Kaninchen
figado, iscas	Leber
frango	Hähnchen
galinha	Huhn
javali	Wildschwein
lebre	Hase
leitão	Spanferkel
lombo	Lenden-, Rückenstück
pato	Ente
perdiz	Rebhuhn
peru	Pute
porco (preto)	(iberisches) Schwein
vaca	Rind
vitela	Kalb, Färse

Gemüse und Beilagen

abóbora	Kürbis
alho	Knoblauch
arroz	Reis
batatas cozidas/a murro/fritas	Salz-/Pellkartoffeln/Pommes frites
beringela	Aubergine
brócolos	Brokkoli
cebola	Zwiebel
cenoura	Karotte
cogumelos	Champignons
couve-flor	Blumenkohl

Kulinarisches Lexikon

espinafre	Spinat	morango	Erdbeere
ervilhas	Erbsen	pêra	Birne
favas	Saubohnen	pêssego	Pfirsich
feijão (verde)	(grüne) Bohnen	pudim flan	Karamellpudding
grelos	Steckrübenblätter	uvas	Weintrauben
massas	Nudeln	salada de fruta	Obstsalat
ovos	Eier		
pepino	Gurke		
pimento	Paprikaschote		
salada (mista)	(gemischter) Salat		

Nachspeisen und Obst

ameixa	Trockenpflaume
ananás/abacaxi	Ananas
arroz doce	Milchreis
bolo/torta (de amêndoa)	(Mandel-)Kuchen
cereja	Kirsche
figo	Feige
gelado	Eis
laranja	Orange
leite creme	karamellisierter Eierpudding
limão	Zitrone
maça assada	Bratapfel
meloa/melão	Melone

Getränke

água com/sem gás	Mineralwasser/ stilles Wasser
aguardente (velho)	(alter) Branntwein
bagaço	Tresterschnaps
café/bica	Kaffee (Espresso)
café com leite	Milchkaffee
caneca	großes Fassbier
cerveja	Flaschenbier
chá (preto/verde)	Tee (schwarzer/grüner)
galão	Milchkaffee im Glas
imperial	kleines Fassbier
leite	Milch
macieira	Weinbrand
sumo de laranja	Orangensaft
vinho	Wein
(branco/tinto/verde)	(Weiß-, Rot-, junger)
vinho do Porto	Portwein

Im Restaurant

Ich möchte einen Tisch reservieren. Queria reservar uma mesa.
Die Speisekarte, bitte. A ementa, faz favor.
Weinkarte lista dos vinhos
Guten Appetit! Bom apetite!
Es war sehr gut. Estava óptimo.
Die Rechnung, bitte. A conta, faz favor.
Appetithappen petiscos
Vorspeise entradas
Suppe sopa
Hauptgericht prato principal
Nachspeise sobremesa
Beilagen acompanhamentos
Tagesgericht prato do dia
vegetarisches Gericht prato vegetariano
eine halbe Portion uma meia dose
Gedeck talher
Messer/Gabel/Löffel faca/garfo/colher
Glas/Flasche copo/garrafa
Salz/Pfeffer sal/pimenta
Öl/Essig/Zucker/Süßstoff azeite/vinagre/açúcar/adoçante
Kellner/Kellnerin Senhor/Senhora

Register

Afonso Henriques (Alfons I.) 32
Afonso III. (Alfons III.) 71
Al-Buhera 49
Albufeira 49
– Altes Rathaus 49
– Amüsiermeile 52
– Areias de São João 49
– Capela da Misericórdia 50
– Fischmarkt 49
– Igreja und Museu de São Sebastião 50
– Largo Engenheiro Duarte Pacheco 49
– Montechoro 49
– Museu Municipal de Arqueologia 50
– Strip 52
Alcalar 42
Alcoutim 105
Algar dos Mouros 66
Algar Seco 47
Al-Gharb 12
Aljezur 55
Almancil 74
Almohaden 60
Al-Muthamid 59, 61
Alte 63
Alvor 39
Aníbal Cavaco Silva 13
Anreise 18
Apartamentos Turísticos 14
Apotheken 20
Araber (Mauren) 12
Arade 24
Armação de Pêra 48
Armona 89
Arrifana 23
Augustus (römischer Kaiser) 84
Azulejos 9

Baden 22
Bahn 26
Barão São João 39
Barrocal 65
Behinderte 22
Beliche 23
Ben Said (maur. Fürst) 69
Bevölkerung 11
Bodyboarding 26
Bodysurfing 23
Boliqueime 13
Bootsausflüge 23
Bordeira 23
Burgau 30
Bus 18, 27
Busch, Wilhelm 37

Cabo de São Vicente 31
Cacela 23
Cacela Velha 98
Cachopo 106
Caldas de Monchique 56
Caldeirão 7
Camões, Luís de 19
Campingplätze 15
Carrapateira 33
Carvoeiro 47
Castelo 51
Castro Marim 101
– Archäolog. Museum 102
– Festung 102
– Forte de São Sebastião 102
– Kastell 102
– Renaissancekirche 102
– Revelim de Santo António 103
– Sapal de Castro Marim 102
Cataplana 17
Cercas, José 55
Clarines 106
Clemens V. (Papst) 101

Costa Vicentina 33
Cruz de Portugal 58
Culatra 89

Dias Mediaveis 103
Diktatur 12
Dinis (Dionysius, port. König) 101
Diplomatische Vertretungen 21

Einreisebestimmungen 18
Erdbeben von Lissabon 12
Essen und Trinken 10, 16
Estói 80
Europäische Union 13,

Fahrradfahren 24
Farelos 106
Fabri, Francisco Xavier 95
Faro 6, **68**
– Arco da Vila 69
– Arco do Repouso 71
– Capelo dos Ossos 68
– Igreja de São Francisco 71
– Igreja de São Pedro 68
– Igreja do Carmo 68
– Jardim Manuel Bivar 68
– Kathedrale Sé 70
– Largo da Sé 70
– Museu Etnográfico Regional do Algarve 68
– Museu Marítimo Almirante Ramalho Ortigão 72
– Museu Municipal de Faro 71
– Paço Episcopal 70
– Porta Nova 70
– Rathaus 70

116

Register

– Rua de Santo António 68
Fatacil 48
Fauna 66, 88
Feiertage 19
Feira de Santa Iria 71
Felsalgarve 6, 30
Ferienwohnungen 14
Fernando I. (Ferdinand I., port. König) 105
Ferragudo 46
Feste 19
Festival da Sardinha de Portimão 46
Festival dos Descobrimentos 39
Festival Internacional de Jazz 79
FIESA 49
Figo, Luis 54
Fisch 16
Fischfang 10
FKK 23
Fleischgerichte 17
Flora 8
Flugzeug 18
Fonte de Benémola 64
Formosamar 24
Freizeitparks 20
Fuseta 92

Galé 51
Gama, Vasco da 12, 72
Geld 9
Getränke, alkoholische 17
Golf 24
Griechen 34
Guerreiro, Cândido 63
Guerreiros do Rio 104

Harúm 69
Heinrich der Seefahrer 12, 32
Heinrich von Kastilien 105
Hinterland 6
Hotels 14
Rocha, Hugo 24

Ilha de Tavira 98
Ilha Deserta 24, 74
Internet 26

Jugendherbergen 15

Karthager 34
Kitesurfen 26
Klima 8, 11, 21
Kork 81
Krankenhäuser 20
Kunsthandwerk 9

Lacobriga 34
Lage 11
Lagoa 48
Lagos 34
– Festung Pau 40
– Igreja de Santo António 34, 36
– Praça do Infante 34
– Praça Gil Eanes 34
– Santa Maria 34
– Sklavenmarkt 34
Laurentius (christlicher Märtyrer) 75
Löwenherz, Richard 61
Loulé 75
– Capela Nossa Senhora da Piedade 78
– Igreja Matriz de São Clemente 78
– Igreja Nossa Senhora da Conceição 75
– Kastell und Stadtmuseum 75
– Markthalle 76
Luz 34

Manta Rota 23, 99
Marquês de Pombal 100
Martim Longo 106
Mauren 12, 58
Medronho 17
Meeresfrüchte 17
Mértola 106
Mietwagen 18, 27

Milreu 84
Moncarapacho 91
Monchique 57
Monte Clérigo 55
Monte Gordo 99
Motorsport 24
Musikfestival Med 79

Nelkenrevolution 13
Notfälle 21
Notrufnummern 21

Odeceixe 23
Odeleite 104
Öffnungszeiten 22
Ökologie 11
Olhão 86
Oliveira Bernardes, Policarpo de 75
Olhos d'Água 54

Paderne 51
Paio Peres Correia 61
Parque da Mina 57
Pedras d'el Rei 92
Penina 66
Pereiro 106
Philipp II. (span. König) 12
Philipp IV. (franz. König) 101
Phönizier 34
Pico da Fóia 58
Ponta da Piedade 40
Ponta de Sagres 25
Portimão 42
– Casa Teixeira Gomes 42
– Largo 1° Dezembro 42
– Museu de Portimão 43
Portus Magnus 42
Portwein 17
Praia da Arrifana 55
Praia da Bordeira 33
Praia da Coelha 51
Praia da Falésia 54
Praia da Marinha 23
Praia da Oura 51

Register

Praia da Prainha 46
Praia da Rocha 8, 23, 46
Praia de Barril 92
Praia de Faro 74
Praia de São Rafael 23
Praia de Vale Figueiras 55, 34
Praia do Barril 23
Praia do Camilo 41
Praia do Pinhão 41
Praia dos Três Irmãos 23
Praia Dona Ana 41
Praia Maria Luisa 51
Prainha 23
Privatzimmer 15
Purgatório 54

Querença 64
Quinta de Marim 89
Quinta do Lago 75

Reconquista 96
Reisen mit Handicap 22
Reisezeit 21
Reiten 24
Ria Formosa 88
Rio Guadiana 100
Rocha da Pena 65
Römer 12, 84
Rota da Cortiça (Route des Korks) 81

Sagres 30
Salazar, António de Oliveira 12
Salgados 23
Salir 64
Sancho I. (port. König) 61
Sandalgarve 6, 86
Santa Justa 106
Santa Luzia 92
São Brás de Alportel 80
São Rafael 51
Sardinenverarbeitung 43
Sasha Summer Session 46

Scheck- und Kreditkarten 19
Sebastião I. (port. König) 12, 34
Segeln 24
Serra de Monchique 7, 57
Serra do Caldeirão 25
Sicherheit 21
Silves 58
– Arabische Stadtmauern 60
– Casa da Cultura Islâmica e Mediterrânica 61
– Castelo 61
– Centro de Interpretação do Património Islâmico 60
– Igreja da Misericórdia 61
– Museu Municipal de Arqueologia 60
– Praça Al-Muthamid 59
– Sé Velha 60
Sítio do Bemparece 80
Sport 22
Sprache 12
Strände 22
Straßenverkehr 27
Süßspeisen 17

Talha dourada 9, 37
Tariq ibn Ziyad 12
Tavira 6, **92**
– Câmara Obscura 96
– Castelo Medieval 95
– Convento da Graça 96
– Igreja da Misericórdia 95
– Igreja de Santiago 96
– Mercado da Ribeira 97
– Palácio da Galeria 95
– Ponte Antiga 93

– Porta de Dom Manuel 94
– Santa Maria do Castelo 95
Taxi 18, 27
Telefon 26
Templerritter 101
Tierparks 20
Tourismus 11
Touristeninformationen 20
Turismo de Habitação 14
Turismo no Espaço Rural 15

Uhlenkamp, Johann 70
Umweltschutz 11

Vale do Lobo 23, 75
Verão de Tavira 98
Verkehrsmittel 26
Verwaltung 11
Via Algarviana 7
Vila do Bispo 32
Vila do Infante 32
Vila Real de Santo António 100
Vilamoura 54
Vinho Verde 17
Viriatus 85
Volta ao Algarve (Radrennen) 19

Währung 19
Wandern 25
Weine 17
Wellenreiten 26
Wellness 26
Westgoten 107
Wirtschaft 11

Xelb 59

Zeitzone 11
Zollbestimmungen 18

Das Klima im Blick — atmosfair

Reisen bereichert und verbindet Menschen und Kulturen. Wer reist, erzeugt auch CO_2. Der Flugverkehr trägt mit einem Anteil von bis zu 10 % zur globalen Erwärmung bei. Wer das Klima schützen will, sollte sich für eine schonendere Reiseform (z. B. die Bahn) entscheiden – oder die Projekte von *atmosfair* unterstützen. *Atmosfair* ist eine gemeinnützige Klimaschutzorganisation. Die Idee: Flugpassagiere spenden einen kilometerabhängigen Beitrag für die von ihnen verursachten Emissionen und finanzieren damit Projekte in Entwicklungsländern, die dort den Ausstoß von Klimagasen verringern helfen. Dazu berechnet man mit dem Emissionsrechner auf *www.atmosfair.de,* wie viel CO_2 der Flug produziert und was es kostet, eine vergleichbare Menge Klimagase einzusparen (z. B. Berlin – London – Berlin 13 €). *Atmosfair* garantiert die sorgfältige Verwendung Ihres Beitrags. Klar – auch der DuMont Reiseverlag fliegt mit *atmosfair!*

Autoren | Abbildungsnachweis | Impressum

Unterwegs mit Lydia Hohenberger und Jürgen Strohmaier

Beide leben seit 1994 in Portugal, das ihnen zur zweiten Heimat geworden ist. 1996 gründeten sie in Faro ein eigenes Unternehmen für sanften Tourismus. Verzaubert vom südlichen Flair und der Herzlichkeit ihrer Bewohner, entlocken sie der Algarve seither immer neue Facetten und kleine Geheimnisse. Ihre ungebrochene Faszination teilen sie Urlaubern auch gerne auf individuellen Ausflügen und organisierten Gruppenreisen mit, über die ihre Internetseite www.portugal-unterwegs.de informiert.

Abbildungsnachweis

Bildagentur Huber, Garmisch-Partenkirchen: S. 36, 94
DuMont Bildarchiv, Ostfildern: S. 9, 10, 16, 28/29, 47, 76, 87, 88, 105, Umschlagklappe vorn, Umschlagrückseite (Widmann)
Silvestre Filipe Correia, Sarnadas: S. 4/5
Lydia Hohenberger, Jürgen Strohmaier, Lissabon: S. 7, 43, 52, 65, 107, 120
iStockphoto, Calgary (Kanada): S. 101 (Hooijer); 13 (Masselink)
laif, Köln: S. 15 (Heuer); 81 (Kaiser); 63 (Langrock/Zenit); 97 (Luider/Rapho)
LOOK, München: Titelbild (age fotostock)
Mauritius Images, Mittenwald: S. 110 (age); 31, 56, 69 (Howard)
picture-alliance, Frankfurt/Main: S. 37 (Avers); 104 (Schumacher)
Wolfram Schwieder, Ostfildern: S. 59

Kartografie

DuMont Reisekartografie, Fürstenfeldbruck
© DuMont Reiseverlag, Ostfildern

Umschlagfotos

Titelbild: Praia de Alvor
Umschlagklappe vorn: Felsen am Strand Praia da Rocha

Hinweis: Autoren und Verlag haben alle Informationen mit größtmöglicher Sorgfalt geprüft. Gleichwohl sind Fehler nicht vollständig auszuschließen. Alle Angaben erfolgen ohne Gewähr. Bitte, schreiben Sie uns! Über Ihre Rückmeldung zum Buch und Verbesserungsvorschläge freuen sich Autoren und Verlag:
DuMont Reiseverlag, Postfach 3151, 73751 Ostfildern,
info@dumontreise.de, www.dumontreise.de

1. Auflage 2011
© DuMont Reiseverlag, Ostfildern
Alle Rechte vorbehalten
Redaktion/Lektorat: Michael Konze
Grafisches Konzept: Groschwitz/Blachnierek, Hamburg
Printed in Germany